Franz Speckbacher

G A R A B A N D A L

... DONNERSTAG 20.30 UHR

Unsere Liebe Frau von San Sebastian de Garabandal
(Gemalt von Isabel de Daganzo nach Angaben von Conchita)

Franz Speckbacher

GARABANDAL
...DONNERSTAG 20.30 UHR

1992

Mediatrix-Verlag, Zischkin & Co. GmbH.
A-3423 St. Andrä-Wördern bei Wien

Umschlagbild: Die in Garabandal 1967 erstellte Kapelle zu Ehren des hl. Erzengels MICHAEL. Die Kapelle trägt die Inschrift: "Ave Maria, Mutter Gottes und unsere Mutter."

Grafische Gestaltung: Franz Krammer,
W-8399 Bad Füssing 1, An der Schule 6

Bestelladresse für Österreich:
Mediatrix-Verlag, Gloriette 5, A-3423 St. Andrä-Wördern

In Deutschland:
Mediatrix-Verlag, D-84495 Altötting, Kapuzinerstr. 7

1. Auflage, Wien 1979
2. Auflage, Wien 1992

ISBN 3 85406 009 2

Druckerei Dr. Ranner, A-1210 Wien, Austria

»Nichts tut der Allmächtige, ohne vorher seinen Plan seinen Knechten — den Propheten — zu offenbaren.«

Amos 3,7

Vorwort

Mit den Botschaften von Garabandal hat uns die Gottesmutter einen entscheidenden Hinweis auf die Zukunft gegeben. Die Botschaften erfolgten in den Jahren 1961—1965, zu Beginn eines »Umsturzes aller Werte...«. Die folgenden Jahre haben gezeigt, wie wichtig und richtungweisend diese Botschaften waren als rettender Anker in dieser Zeit der Verwirrung und Unsicherheit. Der Himmel versagt uns seine Hilfe nicht. Es kommt darauf an, daß wir hören und folgen.

Dieses Buch bietet einen Überblick über die gegenwärtige Lage, Bedeutung der Botschaft und den Ablauf der Ereignisse.

Möge der Segen der Rosa Mystica dieses kleine Werk hinausbegleiten in alle Lande!

Perach, den 13. Juli 1978, am Ehrentag der Rosa Mystica.

Franz Speckbacher, Verfasser

BILDERTEIL

BILDERNACHWEIS

Aus der Erscheinungszeit: 1961 bis 1965	P. Ramón Andréu S. J. Spanien
Bilder aus späteren Jahren 1967 und 1968	Josef Weiskirchner A-1100 Wien
sowie die Texte dazu schrieb der Garabandalkenner:	Josef Weiskirchner A-1100 Wien
Bilder aus dem Jahre 1974:	Jakob Hilger D-8201 Söchtenau
Bilder aus dem Jahre 1977 und Bilder im Anhang 1 sowie Textgestaltung	Vom Verfasser dieser Schrift
Zwei Zeichnungen im Anhang 3	Lorenz Huber D-8261 Perach
Bild von der Taufe von Conchitas drittem Kind und Bild mit Papst Paul VI. sowie Textgestaltung:	Christiana-Verlag CH-8260 Stein am Rhein

Schwarz-Weiß-Photos aus der Erscheinungszeit:

1 Die Seherkinder beim Spiel
2 Conchita im Torrahmen ihres Elternhauses
3 Conchita mit Dolores auf einem ihrer ekstatischen Gänge
4 Conchita und Dolores in Verzückung
5 Maria Cruz und Jacinta im Gespräch mit der Erscheinung
6 bis 8 Die vier Seherkinder in Ekstase: Dolores, Jacinta, Conchita, Maria Cruz
9 bis 11 Jacinta, Conchita, Dolores
12 bis 18 Conchita
19 Mystische Kommunion Conchitas (Schnappschuß mit Blitzlicht)
20 Mystische Kommunion Conchitas (Filmaufnahme ohne Licht)
21 bis 25 Dolores
26 27 Dolores reicht der Erscheinung Andachtsgegenstände zum Kuß
29 bis 30 Jacinta
30 a Rückgabe eines Andachtsgegenstandes in Ekstase
31 Pater Louis Maria Andréu, der das Wunder schaute und am gleichen Tag vor Freude starb
32 P. Louis M. Andréu wird zu Grabe getragen
33 P. Louis M. Andréu an seiner letzten Ruhestätte, wo er unverwest ruht
34 Erste Botschaft, von Conchita niedergeschrieben
35 Letzte Botschaft

118

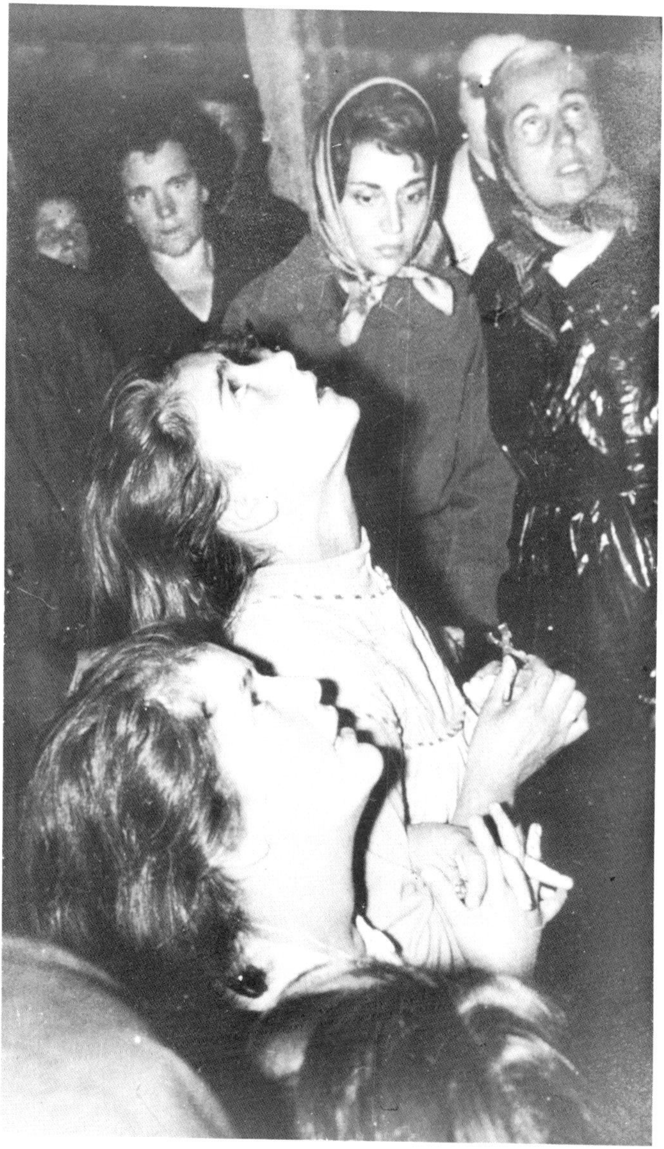

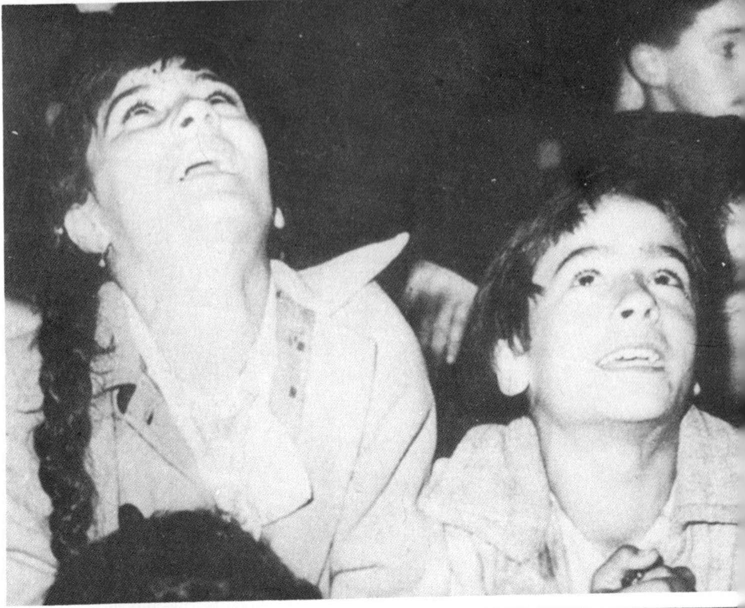

9

10

12

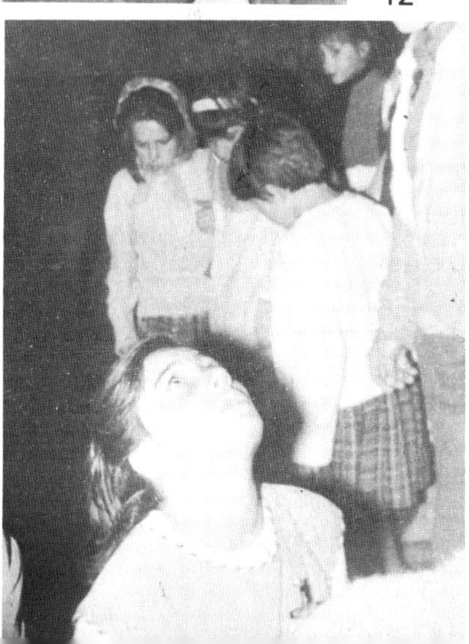

14

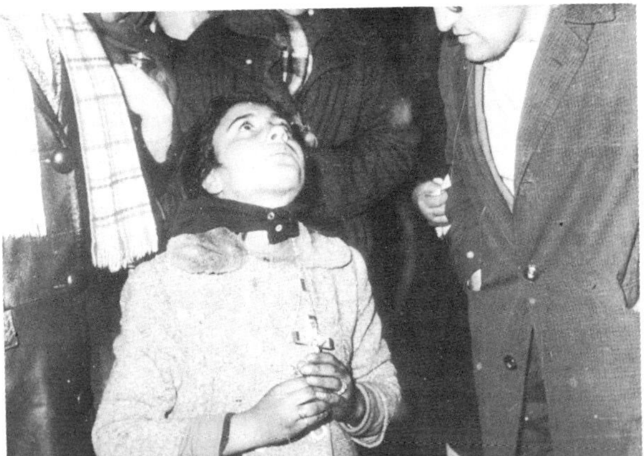

15

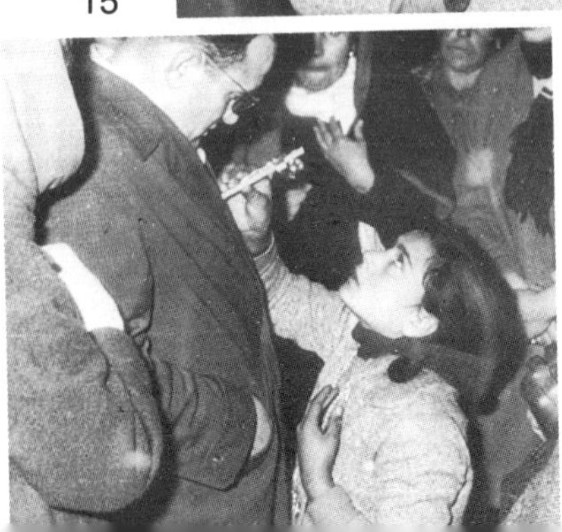

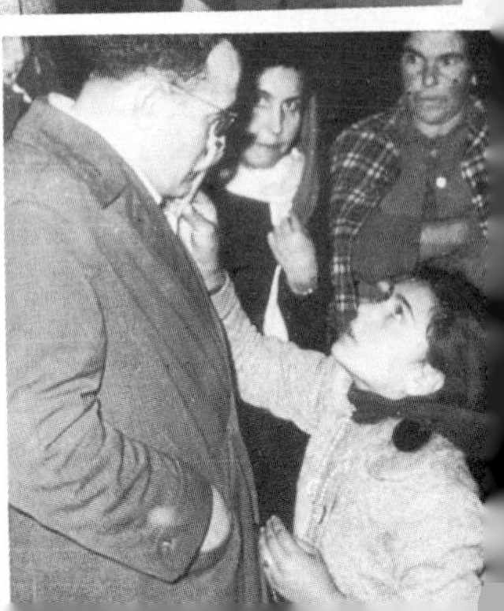

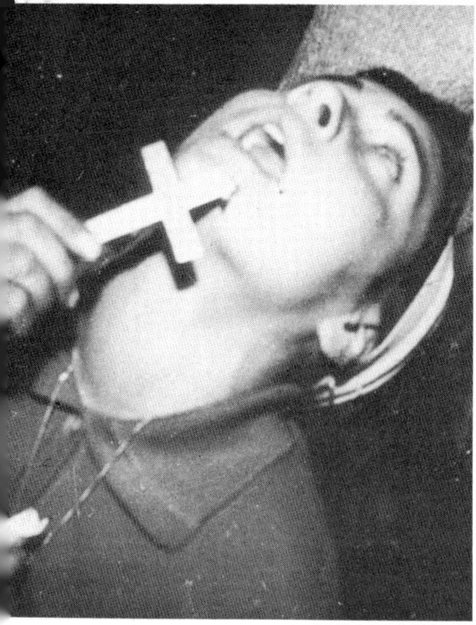

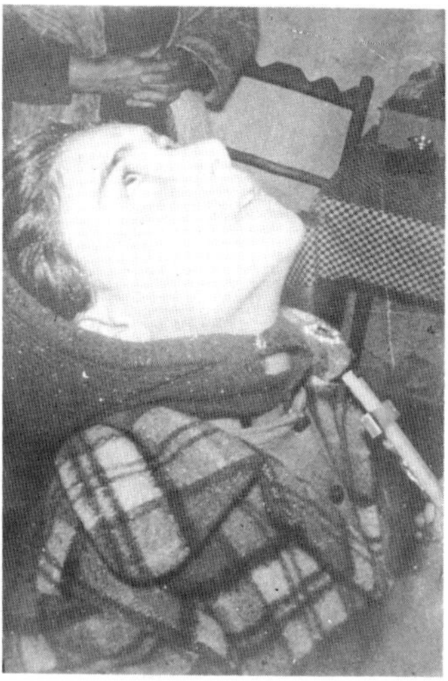

18

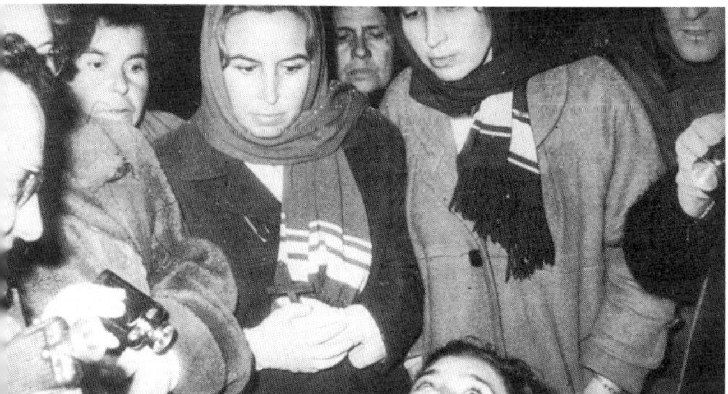

21

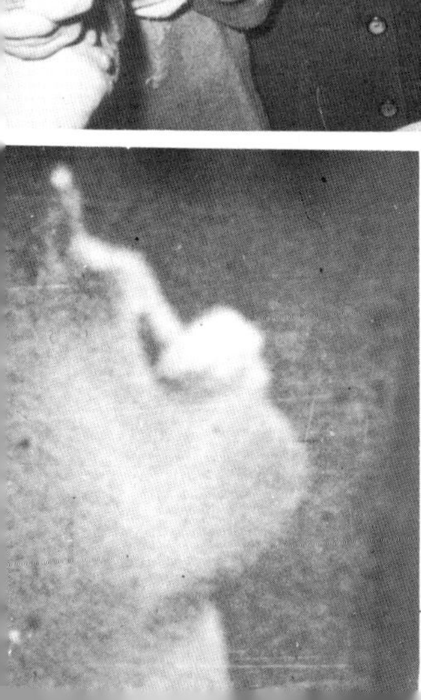

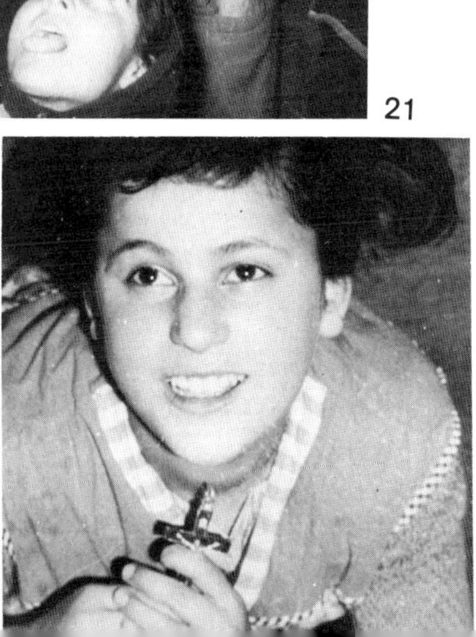

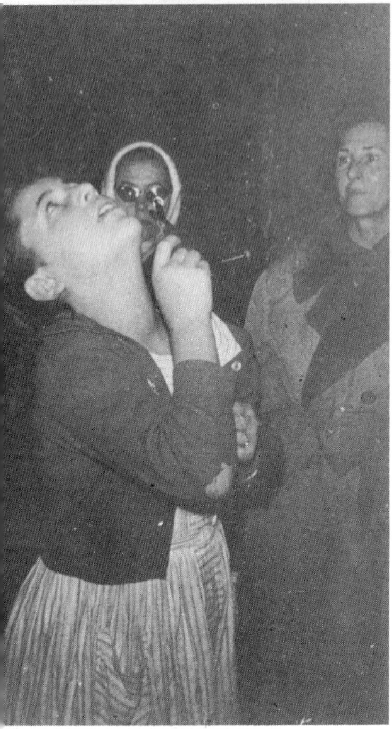

22

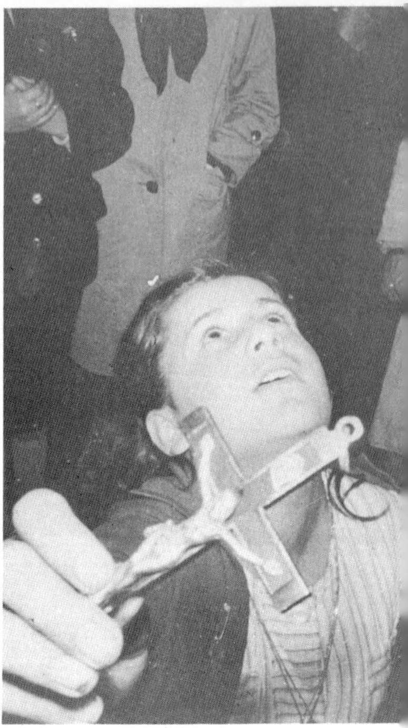

23

24

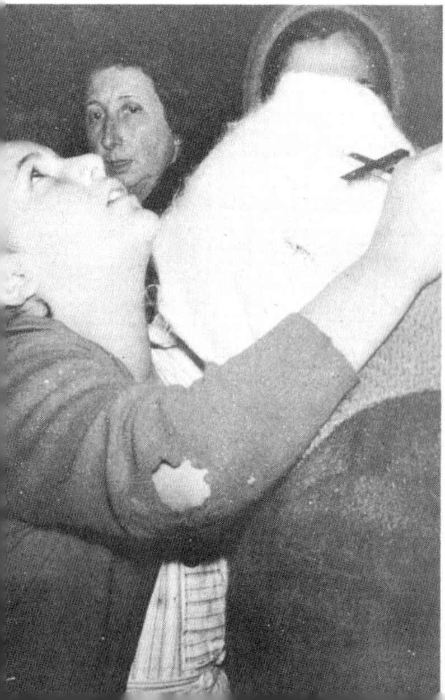

25

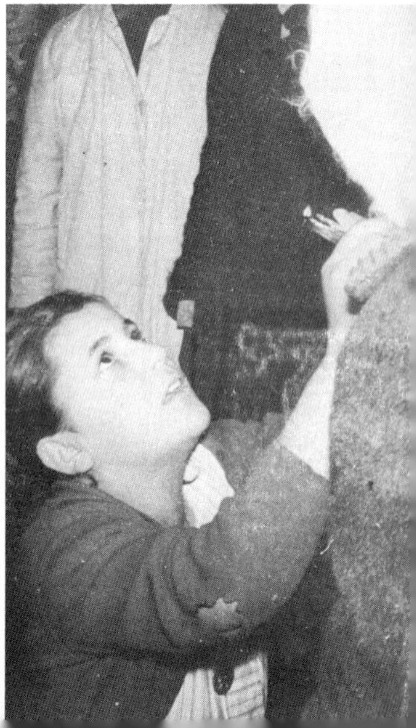

30

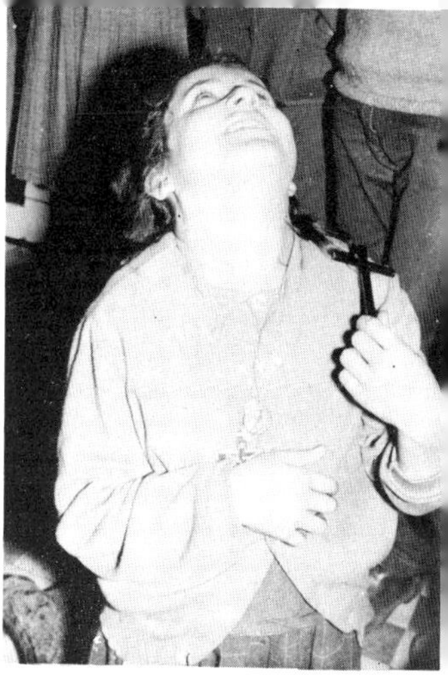

29

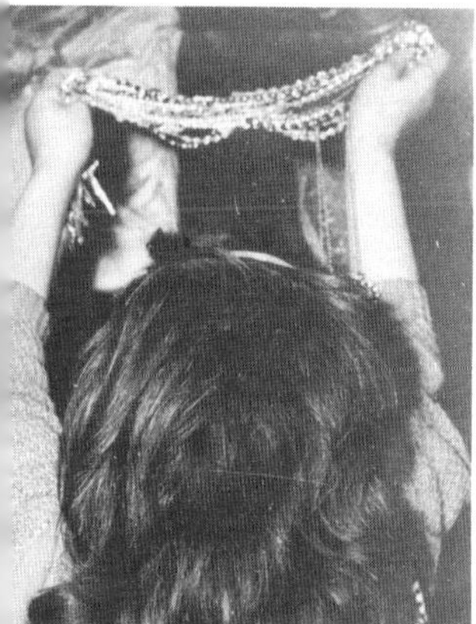

26

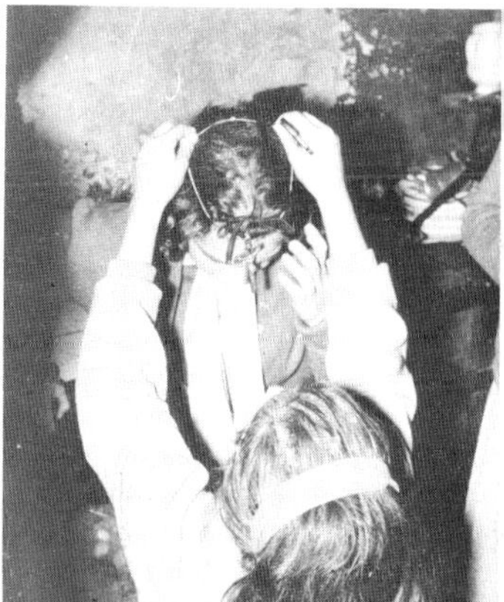

30A

27

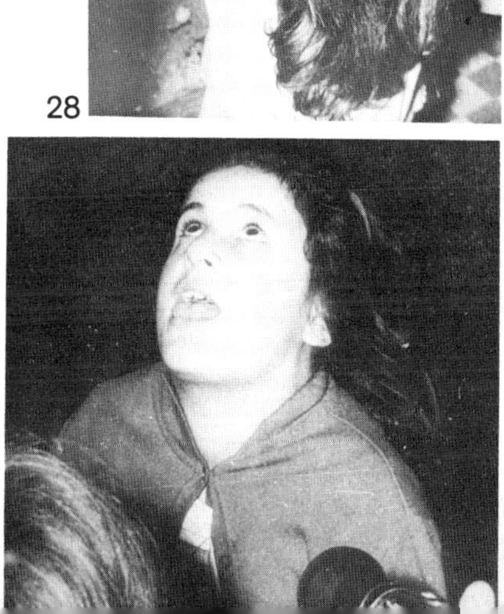

28

31

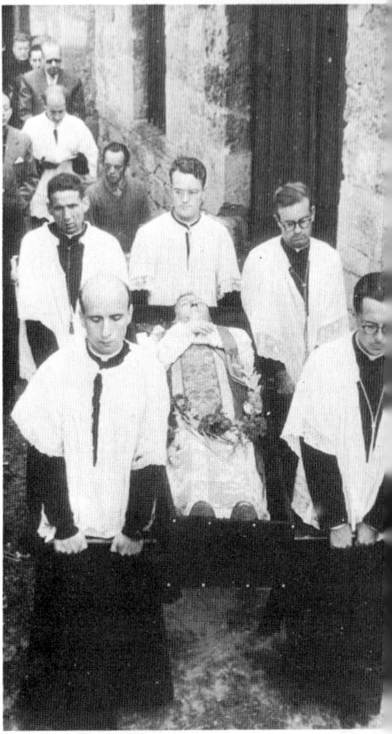

32

33

+

Hay que hacer muchos sacrificios, mucha penitencia. Tenemos que visitar al Santisimo con frecuencia, pero antes tenemos que ser buenos y si no lo hacemos, nos vendra un castigo.

Ya se esta llenando la Copa y si no cambiamos nos vendra un castigo muy grande.

La Virgen quiere que lo hagamos para que Dios no nos castigue. Conchita González

34

El mensaje que la Santísima Virgen ha dado al mundo por la intercesión del angel San Miguel.
El Angel ha dicho: Como no se ha cumplido y no se ha hecho conocer al mundo mi mensaje del 18 de Octubre, os diré que este es el último.
Antes la Copa estaba llenando ahora está rebosando.
Los sacerdotes van muchos por el camino de la perdición y con ellos llevan a muchas más almas
La Eucaristía cada vez se da menos importancia
Devemos evitar la ira de Dios sobre nosotros, con nuestros esfuerzos.
Si le pedís perdón con vuestras almas sinceras, Él os perdonará
Yo, vuestra Madre, por intercesión del Angel San Miguel, os quiero decir que os enmendéis, Ya estáis en los últimos avisos.
os quiero mucho y no quiero vuestra condenación.
Pedídnos sinceramente, y Nosotros, os lo daremos.
Devéis sacrificaros más. Pensad en la Pasión de Jesús
Conchita González 18-VI-1965

35

Farbphotos von Garabandal aus den Jahren 1967 und 1968

8 Fahrt nach Garabandal, im Hintergrund die Föhrengruppe
9 Das Bürgermeisterhaus mit Maria Cruz
10 Maria Cruz
11 Platz vor dem Bürgermeisterhaus
12 Der Apfelbaum vor dem Lehrerhaus, wo die Kinder Äpfel stahlen
13 Pfarrkirche von Garabandal
14 Jacinta und Dolores verlassen die Kirche
15 Jacinta und Dolores
16 Das Elternhaus des Sehermädchens Dolores
17 Conchita mit Mutter im Hauseingang
18 Conchita gibt ein Autogramm
19 Conchita mit einem Franzosen und einer Wienerin
20 Conchita mit Buckelkorb und Tagesverpflegung auf dem Weg zur Feldarbeit
21 Conchita wird unterwegs um ein Autogramm gebeten
22 Conchita auf dem Weg zur Arbeit
23 Weg zu den Föhren (auch Pinien genannt)
24 An dieser Stelle erschien der hl. Erzengel Michael
25 Blick vom Föhrenweg nach Garabandal
26 27 28 Hohlweg zu den Föhren
29 Die Föhrengruppe, wo die Muttergottes erschien
30 bis 35 Nahansicht der Föhren
36 Blick von den Föhren nach Garabandal
37 bis 39 Rundblick von den Föhren auf die umliegenden Berge
40 Dorfbewohner von Garabandal
41 Wasch- und Tratschplatz der Dorfbewohner von Garabandal
42 Der blinde Amerikaner, der bei einem Unfall beide Augen verlor und sie am Tag des Wunders wiedererhalten soll
43 Kinder von Garabandal, besonders schlimm ein Bub, der Autos beschädigte
44 Haus in Garabandal

8

9

10

11

12

13

14

16

15

19

17

18

20

21

22

23

24

25

26

27

28

Die Ereignisse in Garabandal in kurzer Zusammenfassung

Ungefähr 90 Kilometer südwestlich von der nordspanischen Atlantikküste und der Bischofsstadt Santander entfernt, liegt der Ort San Sebastian de Garabandal im Kantabrischen Gebirge. Garabandal ist ein armseliges, kleines Dörfchen. Um das Dorf zu erreichen, fährt man nach Cosio, und von dort führt die etwa 7 Kilometer lange, jetzt ausgebaute Straße hinauf nach Garabandal.

Der Ort ist von kleinen Bergen umgeben; auf viele Kilometer steigen die schönen, sanften Hänge der Berge an und geben uns ein herrliches Panorama.

Dieses schöne Fleckchen Erde hat sich der Himmel ausgesucht, um der Welt eine der größten Prophezeiungen kundzutun, deren Eintreffen wir in naher Zukunft zum Heile der gesamten Menschheit erwarten. Sogar Fachleute der Mystik bestätigen, Garabandal übertreffe alle Erscheinungsorte der Welt an Inhalt und Bedeutung; selbst Lourdes und Fatima.

Die Muttergottes ist von 1961 — 1965 in Garabandal erschienen

Am 18. Juni 1961 erschien zunächst der heilige Erzengel Michael vier Mädchen außerhalb des Bergdorfes Garabandal (Provinz Santander in Nordspanien) und bereitete sie auf die Erscheinung der heiligen Jungfrau Maria »vom Berge Karmel« vor. Die Namen der Mädchen sind: Conchita (zwölf Jahre), Maria Dolores, Jacintha und Mary Cruz (elf Jahre).

Die Madonna erschien den Mädchen zum ersten Mal am Sonntag, dem 2. Juli 1961, am Feste der Heimsuchung Mariens, gegen 18 Uhr und dann noch viele Male. Bei der ersten Erscheinung sahen die Mädchen die hl. Jungfrau mit einem weißen Kleid, blauen Mantel, und über ihrem Haupte war eine Krone von goldenen Sternen. Ihr Haar war dunkelbraun, in der Mitte gescheitelt und reichte bis zum Gürtel. Ihr Gesicht war unaussprechlich schön. Die Kinder sagten: »Es gibt keine Frau die ihr an Schönheit gleicht!«. Sie hat eine erlesene, unnachahmlich schöne Stimme. An einem Handgelenk trug die Madonna ein braunes Skapulier. Sie war begleitet mit den beiden Erzengeln Michael und Raphael. Die vier Mädchen gerieten bei jeder Erscheinung in Ekstase. Dabei nahmen ihre Gesichter einen verklärten Ausdruck an und strahlten ein so helles Licht aus, daß man nachts ohne künstliches Licht von ihnen gute Fotoaufnahmen machen konnte. Die Mädchen schauten fasziniert auf die Erscheinung. Die heilige Jungfrau beantwortete die Fragen, die die Mädchen in der Ekstase stellten. Manchmal aber sagte sie nichts. Sie gab den Mädchen Aufträge und Mitteilungen für anwesende Personen, die sie sofort ausführten. Nach den Ekstasen waren sie wieder wie andere normale Kinder. Das bestätigten namhafte Ärzte.

Als erstes lehrte die hl. Jungfrau sie, den Rosenkranz andächtig zu beten.

Bei den weiteren Visionen meldete sich die Madonna an. Dabei erhielten die Mädchen innere »Anrufe«.

»Zum ersten Mal brachten die Mädchen das zum Ausdruck, was sie selbst als 'Anruf' bezeichneten. Hierbei handelt es sich um eine innere Stimme, die sie ganz deutlich vernehmen. Es ist eine Art Anweisung ohne Worte, die nicht durch die Ohren eindringt, die sie aber ohne daß eine Verwirrung möglich ist, vernehmen. Vom ersten zum zweiten Anruf verstreicht einige

Zeit, wogegen der dritte Anruf dem zweiten fast unmittelbar folgt.« (F. Sanchez-Ventura y Pascual, S. 59)

»Die Ekstasen der Mädchen dauerten von ein paar Minuten bis zu mehreren Stunden. Die Zeit schien nicht zu zählen; sie zeigten niemals Zeichen von Ermüdung trotz der Länge der Zeit oder ihrer sehr unbequemen Haltung, da sie auf den Steinen knieten, mit ihrem Kopf heftig nach rückwärts gebogen oder an kalten Wintertagen mit Schnee unter ihren bloßen Füßen und ohne Schutz gegen die Kälte, indem sie auf den harten Felsboden mit einem lauten Krach aufschlugen, der erschrecken ließ, aber sie zeigten keine Anzeichen von Wunden oder Verletzung. Sie nahmen dann kein materielles Ding rund um sich wahr, da sie vollkommen in die Ekstase gerissen waren.

Kurz nach den ersten Erscheinungen begannen die ekstatischen Prozessionen. Dann gingen die Kinder vorwärts und rückwärts ohne zu straucheln in der Dunkelheit der Nacht, Hindernisse vermeidend, nur von einem inneren Licht geleitet. Häufig liefen sie mit großer Geschwindigkeit von einem Platz zum anderen. Es war kaum möglich, ihnen zu folgen. Ihre Körper schienen dem Gesetz der Schwere nicht unterworfen, sondern mit einer Art geistiger Behendigkeit ausgestattet zu sein.«[1])

Am 29. Juli 1961 erhielten die Sehermädchen von der Madonna eine **Botschaft für die Welt,** die sie aber erst am 18. Oktober 1961 bekanntgeben durften. Sie hat folgenden Wortlaut:

»Es müssen viele Opfer dargebracht werden, viel Buße.
Wir sollen das Allerheiligste häufig besuchen; vor allem aber sollen wir gut sein,

[1]) Maria Masuch, Das Geheimnis von Garabandal, S. 4—5

und wenn wir das nicht tun, wird eine Strafe über uns kommen.
Der Kelch wird schon voll, und wenn wir uns nicht bessern, wird eine sehr große Strafe über uns kommen.
Die Jungfrau wünscht, daß wir das tun, damit uns Gott nicht strafe.«

»Unsere liebe Frau sagte auch, was ihrem Sohn am meisten mißfalle, sei der Stolz, und die Tugend, die ihm am besten gefalle, sei die Demut.«[1])

Die Mädchen sagten später: »Die Jungfrau war sehr traurig und bei dem Satz 'Der Kelch wird schon voll' sprach sie sehr leise.«

Vor allem die Botschaft erfüllen und erfüllen lassen

Unsere Sorge gilt der Anwendung der Empfehlungen der hl. Jungfrau in unserem Leben. Sie enthalten nichts anderes, als die Ratschläge der Evangelien: Vor allem soll man sehr gut sein.

18. Oktober 1961

Es ist die Einladung zu einem kraftvollen, tugendhaften, opferfreudigen Leben und zu persönlicher Heiligung. Kurz gesagt, es ist das ganze geistige Leben, wahr und vollkommen, zu dem wir berufen sind und vom Himmel ermahnt werden.

Nach vielen Erscheinungen der Allerseligsten Jungfrau kündete der heilige Erzengel Michael der Seherin Conchita an, daß er ihr am 18. 7. 1962 die heilige Kommunion so reichen werde, daß die Umstehenden

[1]) Irmgard Hausmann, Die Ereignisse von Garabandal, Hacker-Verlag, S. 52.

die Hostie sehen könnten. Viele Menschen kamen damals zum angekündigten Wunder; man zählte über 500 Omnibusse im Tal. Da aber in unmittelbarer Nähe von Conchitas Haus eine Tanzveranstaltung war, die kein Ende nahm, geschah das angekündigte Hostienwunder erst in den frühen Stunden des folgendes Tages. Nachdem Conchita die inneren Anrufe erhalten hatte, erschien ihr der hl. Erzengel Michael. Conchita ging in Ekstase auf die Straße. Nachdem sie ein kurzes Stück gegangen war, stürzte sie plötzlich auf die Knie. Da sagte der Engel zu ihr: »**Bete das Confiteor und bedenke, wen du empfängst.**« Sie tat so. Nach diesem Gebet öffnete sie den Mund und streckte die Zunge heraus. Nach einer Weile wurde auf ihrer Zunge eine kleine Hostie sichtbar, die immer größer wurde, bis zur Größe einer Hostie, wie sie der Priester bei der hl. Messe hat, jedoch dicker. Dieser Vorgang konnte gefilmt werden, und dieser Film ist ein Beweis für die Echtheit dieses Wunders. Eine Kopie davon liegt im Vatikan. Der Engel gab ihr ferner den Hinweis, das Gebet: »Seele Christi, heilige mich« zu beten und Dank zu sagen. Dann verblieb Conchita noch über eine Stunde in Ekstase.

(**Anmerkung:** Der Himmel hat hier gelehrt, wie man kommunizieren soll.)

»Am 1. Januar 1965 hatte Conchita eine Erscheinung Unserer Lieben Frau, die ihr sagte, daß sie am 18. Juni, dem vierten Jahrestag der Erscheinungen, eine neue Botschaft geben würde. In solcher Weise offenbarte Conchita dieses Versprechen Unserer Lieben Frau sechs Monate vor dem tatsächlichen Datum.

Am 18. Juni versammelten sich mehr als zweitausend Menschen in Garabandal, Franzosen, Deutsche, Engländer, Italiener, Amerikaner und Polen gesellten sich zu den Gruppen aus den verschiedenen Teilen Spaniens. Die Franzosen bildeten die größte Gruppe.

Es waren Journalisten da, Fernseh-Teams vom Italienischen Fernsehen und Kamera-Leute von NO-DO (dem amtlichen Spanischen dokumentarischen Nachrichten-Programm). Conchita verließ um 11.30 Uhr abends ihr Haus und ging zur Landstraße, die zu den Fichten, zu dem Platz führt, der Guadro genannt wird. Dort wurde sie in eine Ekstase gerissen, die sechzehn Minuten dauerte. Der hl. Michael erschien ihr und überbrachte ihr die Botschaft Unserer Lieben Frau, die am nächsten Morgen veröffentlicht wurde.«

(M. Masuch, S. 9)

Die Botschaft, die die Seligste Jungfrau der Welt durch die Vermittlung des Erzengels Michael am 18. Juni 1965 gegeben hat:

Der Engel hat gesagt: ***»Da man meine Botschaft vom 18. Oktober nicht erfüllt und der Welt bekannt gemacht hat, will ich euch sagen daß dies die letzte Mahnung ist. Früher füllte sich der Kelch allmählich, jetzt läuft er über.***
Von den Priestern gehen viele den Weg des Verderbens und reißen viele Seelen mit sich.
Der Eucharistie mißt man immer weniger Bedeutung zu.
Wir müssen uns anstrengen, um dem Zorn Gottes über uns zu entgehen. Wenn ihr Ihn aufrichtigen Herzens um Verzeihung bittet, wird Er euch vergeben. Ich, eure Mutter, möchte euch durch die Vermittlung des Engels Sankt Michael sagen, daß ihr euch bessern sollt. Ihr steht schon in den letzten Mahnungen.
Ich liebe euch sehr und will eure Verdammung nicht.
Wir werden euch gewähren, um was ihr aufrichtig bittet.
Ihr müßt euch mehr opfern. Denkt an das Leiden Jesu.«

Conchita González, 18. 6. 1965

»Etwas später wird bekannt, daß es in der durch den Erzengel überbrachten Botschaft Unserer Lieben Frau hieß: **'DIE PRIESTER, BISCHÖFE UND KARDINÄLE GEHEN IN GROSSER ZAHL DEN WEG DES VERDERBENS.'**

Conchita hat sich aus verständlichen Gründen nicht sofort getraut, dies zu veröffentlichen. Weil Kardinäle ja auch Priester sind, wagte sie, wenn auch mit nicht ganz gutem Gewissen, die Auslassung zu machen. Dann aber erkundigte man sich, warum sie denn während der Ekstase plötzlich die Frage stellte: 'Die Bischöfe auch?' Wie es die Tonbänder festhielten. Da gesteht das Mädchen schließlich den vollen Wortlaut der Botschaft. Und Conchita setzt hinzu, daß ihr der Erzengel auf diese ihre erstaunte, ja erschreckende Frage bekräftigte: 'Ja, Conchita, ja, die Kardinäle und die Bischöfe auch!'«

(Irmgard Hausmann, S. 105)

Zur damaligen Zeit (1965) ahnte noch niemand, was auf uns zukommen würde. Heute — nach 14 Jahren — verstehen wir, welche Bedeutung diese Worte haben (!) Bedeutsam ist der ausdrückliche Wunsch der Gottesmutter:

»Wir sollen das heiligste Altarsakrament oft besuchen!«

Die Mahnung der lieben Gottesmutter, das Allerheiligste Altarssakrament zu verehren, zielt dahin, daß wir unsere **ganze** Liebe diesem Hochwürdigsten Gut zuwenden, indem wir es oft besuchen, anbeten, danken und um Verzeihung bitten für unsere Sünden und die Sünden der ganzen Welt.

Wenn Unsere Liebe Frau in ihrer Botschaft am 18. Juni 1965 klagte: »Der Eucharistie mißt man immer weniger Bedeutung zu, so haben wir die Bestätigung des Himmels dafür, daß in Garabandal mehr EHRFURCHT VOR DER HL. EUCHARISTIE GEFOR-

DERT WIRD und wir uns immer wieder erinnern sollen, daß GOTT in der hl. Eucharistie wahrhaft, wirklich und wesenhaft zugegen ist mit Fleisch und Blut, mit Leib und Seele, mit GOTTHEIT und Menschheit.

Dazu das Urteil des damaligen Bischofs von Santander:

»...Wir stellen fest, daß wir keinen Grund gefunden haben, der eine kirchliche Verurteilung bedingt, weder in der Lehre noch für die geistlichen Fürbitten, die man anläßlich der Ereignisse von Garabandal verbreitet und an treue Christen gerichtet hat, um so mehr noch, als sie eine Aufforderung zum Gebet, Opfer, zur eucharistischen Anbetung, zur Marienverehrung unter traditionsgemäß lobenswerten Formen und zur heiligen Furcht GOTTES, der durch unsere Sünden beleidigt wurde, enthalten. Sie erinnern einfach an die allgemeine Lehre der Kirche. Wir anerkennen den guten Glauben und den religiösen Eifer der Personen, die nach San Sebastian de Garabandal gehen und tiefste Achtung verdienen...«

De Santander, 8. Juli 1965
Eugenio, Bischof Adm. Apost. v. Santander
(K. Allesch)

Die Warnung von Garabandal

19. Juni 1965

»Hier schriftlich die Warnung, die mir (Conchita) von der heiligen Gottesmutter übergeben wurde, als ich mich am 1. Januar dieses Jahres allein in den Pinien befand. Ich schreibe hier wortgetreu den Text nieder, so wie ich ihn erhalten habe.«

Die Warnung

»Die Warnung, die uns die Gottesmutter schicken wird, wird wie eine Strafe sein, um die Guten GOTT noch näher zu bringen und die anderen zu warnen.

Worin diese Warnung bestehen wird, kann ich nicht preisgeben. Die Gottesmutter hat mir nicht den Auftrag gegeben, es zu sagen. Und auch nicht mehr darüber.

GOTT möchte, daß wir dank dieser Warnung besser werden und daß wir weniger Sünden gegen ihn begehen.«

Als ich Conchita fragte, ob diese Warnung auch Todesopfer fordern würde, schrieb sie sofort folgendes nieder:

»Wenn wir daran sterben, wird es nicht durch das Geschehen der Warnung selbst sein, sondern durch die starke Erregung, die wir beim Anblick und Verspüren der Warnung empfinden werden.«

Diese einfachen und präzisen Worte sprechen eine klare Sprache. Sie müßten genügen. So wie auch die Worte Luzias aus Fatima genügten, als sie ihrem Bischof im Jahre 1938 schrieb: »Monseigneur, ich glaube, das, was man als »Nordlicht« bezeichnet, ist das Zeichen, das mir die heilige Gottesmutter gegeben hat, daß die vorausgesagten Ereignisse nahe sind.«

13. September 1965

Conchita sagte zu einem jungen Mädchen namens Angelita:

»Wenn ich nicht auch die nächste Strafe kennen würde, so würde ich sagen daß es keine ärgere Strafe als die Warnung geben kann.

Alle Menschen werden Angst haben, aber die Katholiken werden es mit mehr Ergebung tragen als die anderen.

Es wird nur von ganz kurzer Dauer sein.«

14. September 1965

Conchita antwortete den Amerikanern folgendes: Es handelt sich dabei um die beiden ersten Antworten auf die schriftliche Befragung der Amerikaner am 14. September 1965.

»—Die Warnung ist eine Sache, die direkt von GOTT kommt. Alle Menschen auf der ganzen Erde werden sie sehen können, egal wo immer sie sich auch gerade befinden sollten.

— Es wird wie die Offenbarung unserer Sünden sein (im Inneren jedes einzelnen von uns). Gläubige und Ungläubige Menschen aller Erdteile werden sie sehen und spüren...« (siehe Kapitel 40 aus dem Buch »Stern im Gebirge«).

22. Oktober 1965

Conchita hatte ein langes Gespräch mit einer spanischen Frau: »Conchita, es nähert sich ein Komet der Erde. Könnte dies die Warnung sein?«

»— Ich weiß nicht, was ein Komet ist. Wenn es etwas ist, das aus dem Willen der Menschen entstanden ist, antworte ich: ‚Nein.' Wenn es etwas ist, das GOTT macht, ist es wohl möglich.«

Die Frau erzählt weiter:

»Wir gehen zur Kirche hin und Conchita ergreift meinen Arm.

— Conchita, bete für mich, ich habe solche Angst.

— Oh, ja, die Warnung wird schrecklich sein! Viel, viel schrecklicher als ein Erdbeben.

Sie erblaßt.

— Welcher Art wird dieses Phänomen sein?

— Es wird wie ein Feuer sein. Es wird nicht unseren Körper verbrennen, aber wir werden es an Leib und Seele spüren.

Alle Nationen und alle Menschen werden es gleich spüren. Niemand kann ihm entgehen. Und die Ungläubigen selbst werden die Angst vor GOTT spüren.

Selbst, wenn du dich in dein Zimmer einschließt und die Fensterflügel schließt, kannst du ihm nicht entgehen, du wirst es trotzdem sehen und spüren.

Ja, das ist wahr. Die Gottesmutter hat mir den Namen dieses Phänomens gesagt. Dieses Wort existiert in den (spanischen) Wörterbüchern. Es beginnt mit einem »A«. Aber sie hat mir weder den Auftrag gegeben, es zu sagen, noch es zu verschweigen.

— Conchita, ich habe solche Angst! .

Liebevoll lächelnd drückt Conchita den Arm ihrer Freundin.

— Oh, nach dieser Warnung aber wirst du GOTT noch viel mehr lieben.

— Und das Wunder?

— Das Wunder wird sicherlich kommen.«

März 1966

Anfang März erhielt ich von Dr. Bonance (P. Laffineur) folgenden Brief:

»Conchita hat mich gebeten, Ihnen zu schreiben, daß Sie fortfahren sollten, mehr denn je, und aus dringlicheren Gründen als in der Vergangenheit, die Botschaft zu verbreiten.

Sie hat mich auch gebeten, Ihnen zu schreiben, daß wir alle vom Kommen der Warnung und des darauffolgenden Wunders überzeugt sein mögen.

»Die Warnung« wird wie etwas Furchtbares sein, das sich am Himmel abspielt. Die heilige Gottesmutter hat mir das Ereignis mit einem Wort angekündigt, das im Spanischen mit einem »A« beginnt.

Vergessen Sie diese Botschaft nicht, die mir Conchi-

ta aufgetragen hat, Ihnen zu berichten, die Garabandalisten mögen die Botschaft weiter verkünden und verbreiten.

Die Heilige Gottesmutter wird sie dafür belohnen.«

Die Warnung ist eine Prophezeiung.

Sie wurde am 1. Januar 1965 gegeben. Ihre Verwirklichung muß also für jedermann ein neuer Grund — und was für einer! — für die Glaubwürdigkeit sein. Sie zu verkünden und immer wieder das zu wiederholen, was wir seit dem 18. Juni 1965 behaupten, ist zweifellos eine der brüderlichsten Haltungen, die wir gegenüber der ganzen Welt einnehmen können. Wenn die Stunde gekommen ist, wird man die absolute geistige Entschlossenheit verstehen, mit der wir niemals gezögert haben, uns selbst vollkommen für die Sache von Garabandal aufzuopfern.

Ergänzende Informationen zu dieser Warnung:

Conchita wendet sich an einen ihrer Vertrauten:

»Wir werden eines Tages ein schreckliches Unglück erleben müssen. Überall auf der Erde. Niemand wird ihm entkommen. Die Guten, um Gott näher zu kommen, die anderen, um sich zu bessern.

Es ist besser zu sterben, als fünf Minuten das zu erleben, was uns erwartet.«

(Erinnern wir uns hier an die Worte, die sie an Angelita über die Dauer richtete: muy poco, sehr kurze Zeit!)

»— Es kann uns bei Tag oder bei Nacht erreichen, ob wir nun im Bett sind oder nicht. Wenn wir dabei sterben, so wird es aus Angst sein.

Ich glaube, das beste wäre es, wenn wir in diesem Moment in einer Kirche in der Nähe des Allerheiligsten sein könnten. Jesus würde uns die Kraft geben, es besser zu ertragen.«

Hier greift der Gesprächspartner ein:

— Wenn wir es auf uns zukommen sehen, werden wir alle in die Kirche gehen.

»— **Ich glaube, daß dies in der Tat das beste sein wird; aber vielleicht wird alles in Dunkelheit versinken, und wir werden uns nicht mehr hinbegeben können.**«

(Achtung, diese Worte beziehen sich nicht auf die »Tage der Dunkelheit«, von denen man öfter spricht.)

»— **Es wird so fürchterlich sein, daß es keine Steigerung gibt! Wenn ich es Ihnen nur so schildern könnte, wie es mir die Heilige Gottesmutter gesagt hat!**

Aber die Züchtigung wird noch viel ärger sein.

Man wird erkennen, daß uns die Warnung deshalb erreicht, weil wir zuviel gesündigt haben.

Sie kann jederzeit kommen, ich erwarte sie tagtäglich.

Wenn wir wüßten, worum es sich handelt, wären wir furchtbar erschrocken und entsetzt.«

Der Gesprächspartner greift nun ein zweites Mal ein:

— Warum veröffentlichst du es nicht, damit die Leute, die ins Dorf hinaufkommen, es wissen?

»— **Ich bin müde, es anzukündigen, und die Welt nimmt es mit Gleichmut hin.**«

Einige Tage darauf kommt man wieder auf dieses Thema zu sprechen.

— Conchita, seit du mir diese Tatsachen anvertraut hast, denke ich immer an den Himmel.

»— Ich auch, vor allem abends, wenn ich zu Bett gehe. Aber ich habe trotzdem große Angst, daß es in der Nacht passiert.

WIR KÖNNEN UNS NICHT VORSTELLEN, WIE SEHR WIR GOTT BELEIDIGEN.

Die Gottesmutter hat mir gesagt, daß die Welt sehr wohl weiß, daß es einen Himmel und ein Fegefeuer gibt. Aber sehen wir denn nicht, daß man nur aus Angst und nie aus Liebe zu GOTT daran denkt?

Auf Grund unserer Sünden WERDEN WIR SELBST URSACHE der ART der WARNUNG sein. Und wir werden es für Jesus erleiden, für die Beleidigungen, die wir GOTT zufügen.«

Schlußbemerkungen

Ich habe weder die Gabe, noch die Vorzüge echter Propheten. Ich habe schlicht und einfach und mit tiefer Überzeugung die Worte Conchitas wiederholt. Und wieder einmal, unter dem Lichte dessen, was sich in Garabandal ereignet hat, möchte ich bestimmtest darauf hinweisen:

Unsere Frau vom Karmel von Garabandal lügt nie, und auch ihre Botschafterin nicht.

Lesen Sie immer wieder diese Warnung!

Wenn man darüber nachdenkt, so wie sie es verlangt, müssen wir alle erzittern.

Trotzdem wird man zu dem Schluß kommen, daß sie eine der größten Akte der Barmherzigkeit GOTTES Euch und der ganzen Menschheit gegenüber sein wird.

Vor allem Euch gegenüber.

Ist es nicht die Gottesmutter, die in jedem unserer Häuser verweilt, um Euch auf die Zukunft vorzubereiten, Euch und die Euren? Sie kommt, um Euch zu helfen, Euch und allen jenen, die Euch lieb sind, damit Ihr die Prüfung ohne zu große Erregung übersteht.

Und dann für die gesamte Menschheit.

Es ist nicht möglich, daß Ihr als Garabandalisten die

ganze Welt in Unwissenheit über die Warnung laßt. Zögert also nicht eine Sekunde lang!

Rüttelt die Welt rechtzeitig wach! Würde das nicht heißen, sie mehr zu lieben als uns selbst? Ihr zu helfen, daß sie versteht, was sie erwartet, würde dies nicht bedeuten, sie darauf vorzubereiten, sich wiederzufinden und in der Warnung den sicheren Weg zu unserem geistigen und körperlichen Heil zu finden?

Ab dem heutigen Tag erscheint mir unsere Aufgabe ebenso deutlich wie dringend.

Wir müssen überall, unaufhörlich und ohne nachzugeben, die Warnung von Garabandal verkünden.

Man muß »es von den Dächern rufen«, jederzeit, Tag und Nacht!

Unsere Liebe Frau von Garabandal, der Heilige Michael mögen uns helfen, daß wir dieser Aufgabe gewachsen sein mögen.

Conchita

»Conchita versteht gut französisch. Nachdem sie den kompletten Text der Warnung aufmerksam gelesen hatte, zögerte sie nicht, die Verantwortung zu übernehmen und ihn zu unterschreiben. Sie übergab ihn dann in Garabandal selbst Hochw. Herrn M. A. Ooghe, 64 Rue Newton, Calais. Genau war das am Mittwoch, dem 19. August 1970.«

Pater Laffineur
Dr. J.-M. Bonance
Neuillé — 49 — VIVY
Melle S. Laudet
Sécrétaire Générale
Lafond No. 10 — 58 LUZY
8. Mai 1970

Unsere Sorge ist also, diesen Ruf GOTTES in unserer **gegenwärtigen Zeit** um uns herum mit Großmütigkeit und Ausdauer unermüdlich **bekanntzumachen.** Machen wir uns die dem Evangelium (Mt. 10, 12 bis 14) entsprechende Aufforderung zu eigen. »Verbreitet die Botschaft!« sagte Conchita 1965. »Wenn man sie aufnimmt, freuet euch; nimmt man sie nicht auf, so streitet nicht, sondern geht zu anderen, geht anderswo hin.«

Vor allem sollen wir wissen, daß uns GOTT noch eine Zeit des Aufschubes gewährt, damit wir uns läutern in unserer Treue, Ausdauer und frohen Geduld. »Wird der Menschensohn, wenn er kommt, Glauben finden auf Erden (Luk. 18, 8)?«

(Karl Allesch)

Die ungeheuere Bedeutung der Warnung sollte jetzt schon recht vielen Menschen zum Bewußtsein kommen, damit sie in dieser wichtigen Stunde nicht ganz ahnungslos sind.

Die Katholische Kirche steht leider diesen Dingen ablehnend gegenüber — zu ihrem eigenen Schaden! Würde die Kirche jetzt darauf aufmerksam machen, könnten viele Seelen gerettet und das Ausmaß der Warnung gemildert werden.

Unsere Aufgabe soll sein, so weit wie möglich auf dieses, alle Welt betreffende Ereignis aufmerksam zu machen. Bitten wir den Hl. Geist um Erleuchtung und Einsicht in dieser so eminent wichtigen Sache, damit wir den rechten Weg für alle und alles finden.

Man spricht von sehr vielen Toten, die vor Schrecken sterben werden. Er wird kommen — der

Tag des Schreckens oder die Nacht des Grauens!

Wann ist der Tag der welterschütternden **Warnung?** Wir wissen es nicht; nur GOTT weiß es! Aber alles deutet darauf hin, daß es bald sein wird. Erwähnt sei noch das innere Gespräch, welches Conchita am 13. Februar 1966 in Pamplona mit dem Heiland hatte. Er sagte: *»Du wirst viel leiden vor dem Wunder, denn nur wenige werden dir glauben. Sogar deine Familie wird denken, daß du sie getäuscht hast.«*

Aus diesen Worten könnte man wohl schlußfolgern, daß die weltweite Warnung innerhalb eines Jahres vor dem Wunder sein könnte.

Es gibt also nur Vermutungen. Auch das Fest Mariä Verkündigung gibt Anlaß zum Nachdenken!

»Conchita, ich segne dich,
und mit mir segnet dich die
ganze Kirche!«

(Papst Paul VI., Audienz 1966)
(K. Allesch)

25. März
Mariä Verkündigung

Der 25. März ist das merkwürdigste Datum der ganzen Weltgeschichte; es ist das Datum der Menschwerdung GOTTES und der Mutterschaft Mariä. Dieses Datum bezeichnet den Zeitpunkt, wo alle Verheißungen GOTTES, alle Wünsche der Patriarchen, alle Vorhersagungen der Propheten, alle Hoffnungen von vierzig Jahrhunderten in höchster Vollkommenheit sich erfüllt haben; dieses Datum bezeichnet die Vollendung und Krönung der Schöpfung und den Beginn der neuen Zeit, wo der Engel des Neuen Bundes, der Messias und der Erlöser, der Fürst des Friedens, der Vater der Zukunft (Isai. 9.), erschienen und eingetreten ist in sein Eigentum voll Gnade und Wahrheit, wo zum ersten Male auf Erden der so süße und starke, der so hilfreiche und furchtbare Name J e s u s genannt worden ist.

Das Jawort Mariens auf den Gruß des Engels und die Menschwerdung Christi sind das Zentralgeheimnis des Christentums, welches die Katholische Kirche am 25. März feiert. Nach einer alten Überlieferung ist das der Jahrestag des Sündenfalls der ersten Eltern und der Kreuzigung Christi auf Golgotha. Die katholische Kirche tut dies deshalb, weil der ewige Ratschluß GOTTES die Menschwerdung Jesu Christi von der freiwilligen Zustimmung der Jungfrau Maria abhängig gemacht hat; weil wir die Segensfülle, welche Jesus Christus uns gebracht hat, nicht recht zu schätzen vermögen, wenn wir nicht zu gleicher Zeit erkennen, wie hoch GOTT die Jungfrau Maria geehrt und verherrlicht hat durch den huldvollen Antrag, sie möge die Mutter seines Sohnes werden. Denn gerade darin trat die Erhabenheit und Größe Mariens in unvergleichlicher Schönheit an den Tag, daß sie durch ihre Mitwirkung mit der göttlichen Gnade schon auf jener Höhe der Wissenschaft und Tugend angelangt war, welche sie befähigte, ihre volle und freie Zustimmung zur größten Gottestat zu geben. Ihre unbefleckte Empfängnis befähigte sie, allein den Willen GOTTES als entscheidend für jegliche ihrer Handlungen auszuführen.

Vernehmen wir in heiliger Ehrfurcht diesen Englischen Gruß: »In jener Zeit ward der Engel Gabriel von GOTT in eine Stadt Galiläas namens Nazareth zu einer

Jungfrau gesandt. Sie war verlobt mit einem Manne namens Joseph, aus dem Hause Davids. Der Name der Jungfrau war Maria.« (Luk. 1., 26-27)

Denken wir darüber nach: Er bringt die erhabenste Botschaft, die je von GOTT an die Menschen gelangt ist. Kaum begreiflich: Er geht nicht nach dem weltbeherrschenden Rom, nicht nach dem gelehrten Athen, nicht nach dem stolzen Babylon, nicht einmal nach dem heiligen Jerusalem — er geht in das ruhmlose Galiläa und dort in das verachtete Nazareth, von dem ein Sprüchlein höhnte: »Was kann Gutes von Nazareth kommen?« Aber in diesem Nazareth ist ein ärmliches Häuschen und darin ein kleines Kämmerlein, welches den Schatz des Himmels und der Erde, die geheime Liebe des dreieinigen GOTTES birgt. Hier lebt einsam die junge Tochter der hochbetagten Eheleute Joachim und Anna — die Jungfrau Maria.

Bewundern wir das Verfahren GOTTES: Er geht an der Eitelkeit der Menschen vorbei, Er kann die Weisheit ihrer Weisen und die Klugheit ihrer Klugen nicht brauchen, Er wählt das von ihnen gering oder gar nicht Geachtete, um es über sie zu erheben und groß zu machen. Wer in der Welt kümmerte sich wohl damals um Maria? Doch GOTTES Auge wußte diese Perle der Reinheit und Demut zu würdigen und auf den Leuchter zu stellen, die Er schon bei ihrer Empfängnis von der Erbsünde freihielt und mit allen Gnaden erfüllte.

Der Engel trat bei ihr ein und sprach: »Sei gegrüßt, du Gnadenvolle! Der Herr ist mit dir. (Du bist gebenedeit unter den Frauen.)« (Luk. 1., 28)

Hören wir, wie ehrerbietig dieser Fürst der Engel die schüchterne Braut eines armen Zimmermannes grüßt! Vergleichen wir diese Sprache und dieses Benehmen Gabriels gegen Maria mit seiner Sprache und seinem Benehmen gegen den weltberühmten Daniel zu Babylon oder gegen den Hohenpriester Zacharias zu Jerusalem: Dort sprach er im Tone des Gewalthabers und Gebieters, hier spricht er im Tone der Demut und Verehrung, wie ein Untertan vor einer Königin: er spricht Worte, die alles Lob erschöpfen, welches die Lippen eines Engels, eines Gesandten des Allerhöchsten, auszusprechen vermögen, die seitdem der Ausdruck für die Huldigung geblieben sind, welche alle Völker und Jahrhunderte Maria darbringen. Und wahrlich, es steht den wissensstolzen Menschen nicht wohl an, Maria dieses Lob zu verweigern, nachdem **GOTT selbst** sie ausnehmend ausgestattet und durch seinen Engel so begrüßt hat!

»Bei diesen Worten erschrak sie und dachte nach, was dieser Gruß bedeuten solle.« (Luk. 1., 29)

Wie rührend schön ist diese jungfräuliche Verlegenheit Mariens. Sie erschrickt nicht über den Anblick des Engels, sondern über seine Anrede, indem sie gar nicht begreift, wie sie berühmt werden sollte über alle Frauen. Eine merkwürdige Verschiedenheit! Gewöhnliche Leute kommen außer Fassung, wenn man ihnen die Wahrheit ins Gesicht sagt, weil wir alle voll sind von unseren eingebildeten Verdiensten: Maria dagegen kommt außer Fassung, wenn ihr Lobeserhebungen gesagt werden, weil sie in Demut nur an ihr eigenes Nichts denkt.

»Und der Engel sprach zu ihr: ‚Fürchte dich nicht, Maria; denn du wirst empfangen in deinem Leibe und einen Sohn gebären, und du sollst seinen Namen J e s u s heißen. Dieser wird groß sein und der Sohn des Allerhöchsten genannt werden. GOTT, der Herr, wird Ihm den Thron seines Vaters David geben, und Er wird herrschen im Hause Jakob ewiglich, und Seines Reiches wird kein Ende sein.'«

In diesen Worten ist das ganze Evangelium, die ganze Freudenbotschaft ausgedrückt, die sich über alle Länder verbreiten, aber zuerst und allein zu Maria gebracht wird. Der Name J E S U S, der so vielen Herzen eingegraben worden ist und auf so vielen Lippen der erste und letzte sein wird, den so viele Freunde GOTTES mit ihrem Blute verherrlichen und so viele Feinde GOTTES mit ihren Lästerungen entehren sollten, wird hier zuerst vor Maria ausgesprochen und in seiner erhabenen Bedeutung entrollt.

Nun bricht Maria ihr Stillschweigen, sie antwortet mit Ruhe, antwortet dem Engel, antwortet GOTT, und zwar mit der Frage: »Wie wird das geschehen, da ich keinen Mann erkenne?« (Luk. 1., 34)

Bewundern wir den Glauben Mariens! Sie, die durch die Lobessprüche des Engels hätte außer Fassung kommen müssen, wird durch die Offenbarung des größten Geheimnisses gar nicht beunruhigt, wird durch die Verkündigung der Größe ihres Sohnes, seines Anrechtes auf den Davidschen Thron durchaus nicht in Erstaunen versetzt — sie glaubt in Herzenseinfalt daran; und wenn sie fragt: »Wie soll dies geschehen?«, so fragt sie nicht aus Mangel an Glauben, nicht aus Zweifel oder Neugierde, sondern aus berechtigter Notwendigkeit. Denn die Jungfräulichkeit gilt ihr für so unverletzlich, daß sie sich nicht durch das Opfer derselben die unendliche Ehre, Mutter GOTTES zu werden, erwerben will, und daß sie sich daher im Recht glaubt, Aufschluß über dieses Geheimnis zu verlangen, um mit Würde und frei mitwirken zu können: Sie bezweifelt keineswegs die Möglichkeit der Tat; sie fragt nicht, wie **kann**, sondern wie **wird** dies geschehen.

»Der Engel antwortet ihr: ‚Der heilige Geist wird über dich kommen und die Kraft des Allerhöchsten dich überschatten. Darum wird auch das Heilige, das (aus dir) geboren wird, S o h n G O T T E S g e- n a n n t w e r d e n .'« (Luk. 1., 35)

Diese himmlische Antwort ist ein neues Geheimnis: aber es schützt die Jungfräulichkeit Mariens, indem es sagt: »Du wirst Jungfrau bleiben, obwohl du Mutter wirst, und deine Mutterschaft wird deine Jungfräulichkeit zur höchsten Schönheit und Vollendung erheben; denn der Urheber aller Jungfräulichkeit, Er selbst, dem du deine jungfräuliche Reinheit geweiht hast, Er, der Geist — der Heilige wird über dich kommen, wird dich überschatten. GOTT selbst wird aus dir geboren werden: du wirst sein Tempel, seine Braut, seine Mutter sein!« Welche Andacht und Verehrung kann der Größe Mariens würdig sein, da sie durch so große Dinge von GOTT geheiligt ist!

Doch das Geheimnis ist noch nicht vollendet, dazu ist die Einwilligung Mariens noch notwendig. Daher wartet der Engel, der sich seiner Botschaft entledigt, auf das Wort von ihr, und dann erst wird er heimkehren. Er wartet, daß Maria sich frei ausspreche und ehrt durch sein schweigendes Warten die Freiheit ihrer Zustimmung. Der Gesandte GOTTES wartet, die Jungfrau Maria besinnt sich, beide schweigen. O Maria, Himmel und Erde warten auf deine Entscheidung! —

Der hl. Bernard eilt an die Seite des Engels und bittet mit pochendem Herzen. »O heilige Jungfrau, was zögerst du mit deiner Antwort, warum zauderst du, der Welt das Leben zu erkaufen? Der Engel wartet auf dein Jawort, und wir Menschen, die wir durch das Urteil unserer Verdammung unter dem Drucke des Elends seufzen, auf ein Wort deines Mitleids. Siehe, dir wird der Preis unserer Erlösung angeboten, — wir sind frei, sobald du einwilligst: ein einziges Wort aus deinem Munde kann uns neu beleben! Darum flehen alle zu dir; denn an deinem Munde hängt der Trost der

Unglücklichen, die Erlösung der Gefangenen, das Heil aller.«

»Und Maria sprach: ‚Siehe, ich bin eine Magd des Herrn; mir geschehe nach deinem Wort!'« (Luk. 1., 38)

Seit dem sechsten Schöpfungstag ist kein Wort gesprochen worden, wodurch GOTT eine größere Ehre, den Engeln eine größere Freude, den Menschen ein süßerer Trost, der Hölle ein furchtbarerer Schrecken, der ganzen Schöpfung eine herrlichere Glorie verursacht worden ist als durch das Wort, welches ‚die Magd des Herrn' gesprochen hat. Denn auf dieses Wort hin ist das **Wort Fleisch und die Jungfrau Mutter GOTTES geworden;** und von diesem Tage an wird die Freude über dies Geheimnis ununterbrochen gefeiert. Die Redner und Gelehrten, die Dichter und Sänger, die Musiker und Maler, die Bildhauer und Künstler aller Art werden nicht müde, es in immer neuer Schönheit darzustellen.

Der majestätische Glockenklang verkündet es jeden Tag dreimal der Natur, und die Morgen- und Abendwinde tragen diese gewaltigen Akkorde weithin über Berg und Tal; und ein echter Katholik betet noch mit Freude und Dank, mit Hoffnung und Liebe: »Und das Wort ist Fleisch geworden und hat unter uns gewohnt: Gegrüßet seist du, Maria, voll der Gnade!«

Stimmen wir alle mit dankbarem Herzen ein in die Anbetung Jesu und die Verehrung seiner hochgebenedeiten Mutter; sie wird auch unsere fürbittende Mutter sein, jetzt in diesem Tale der Tränen und in der Stunde unseres Todes.

Freilich, die unendliche Barmherzigkeit GOTTES ging voraus. GOTT hat beschlossen, die verlorene Menschheit zu retten durch die Menschwerdung Seines göttlichen Sohnes und durch Vorbereitung einer würdigen Mutter durch Freihaltung von der Erbsünde und Ausstattung mit der Fülle der Gnaden.

Das kommende »große Wunder« von Garabandal

Schon 1961 kündete die heilige Jungfrau an, daß Sie durch GOTT ein weiteres großes Wunder wirken werde. Es wird bedeutender sein als das Sonnenwunder vom 13. Oktober 1917 in Fatima (Portugal). Es wird aber nur in Garabandal und Umgebung zu sehen sein — Kranke, die das Wunder miterleben, werden gesund werden, Ungläubige sich bekehren. Conchita weiß das Datum, aber sie darf es erst acht Tage zuvor bekanntgeben. Soviel durfte sie allerdings sagen: »Es wird an einem Donnerstag um 20.30 Uhr sein. Dieser Tag wird in etwa mit einem für die Christenheit bedeutenden Ereignis zusammenfallen und mit dem Festtag eines Heiligen (Märtyrers), der indirekt mit der heiligen Eucharistie in Zusammenhang steht.«

Das große Wunder wird etwa 15 Minuten dauern.

Nach dem Wunder wird am Erscheinungsort, außerhalb des Dorfes, bei den Pinien, ein dauerndes Zeichen zurückbleiben, welches man im Fernsehen übertragen und fotografieren kann. Man wird es aber nicht berühren können.

Conchita sagte: »Es wird wie eine Rauch- oder Wolkensäule sein; etwas, das sonst auf Erden nicht existiert.« Conchita sagte weiter: »Es wird das größte Wunder sein, das Christus für die Menschheit jemals gewirkt hat. Es wird nicht der Schatten eines Zweifels bleiben, daß es von GOTT kommt und zwar zum Besten der Menschen.«.[1]) — Die Mutter GOTTES ist nicht nur die Mutter von uns Katholiken; als Mutter Christi ist sie die Mutter aller Menschen geworden. So hat sie sich auch in Amsterdam als die »Frau aller Völker« geoffenbart. Wäre es verwunderlich, wenn sie als die große Miterlöserin, Mittlerin und Fürsprecherin am Throne GOTTES für uns bittet?

Zu Sr. Faustine in Plock (Polen) sagte der Heiland schon im Jahre 1931: »Schreibe dies: ‚Ehe Ich als gerechter Richter komme, erscheine Ich vorher als König der Barmherzigkeit. Vor Anbruch des Tages der Gerechtigkeit wird ein Zeichen am Himmel den Menschen gegeben werden. Alles Licht wird ausgelöscht sein am Himmel und auf der Erde. Dann wird vom Himmel aus ein Zeichen erscheinen: ***das Zeichen des Kreuzes. Aus einer jeden der Wunden meiner Hände und Füße werden Lichter ausgehen, welche die Erde für einen Augenblick erleuchten werden.*** Das wird sich kurze Zeit vor dem letzten Tage ereignen.'«[2])

Wird sich diese Offenbarung im Zusammenhang mit Garabandal erfüllen?

Es fällt auf, daß in Garabandal, im Gegensatz zu anderen bedeutenden Marienerscheinungen (Fatima, Heroldsbach usw.) kein Sonnenwunder stattfand. So liegt der Gedanke nahe: GOTT habe sich für das Große Wunder etwas ganz Außergewöhnliches aufgespart. Es könnte sich ein (Begleit-)Wunder wiederholen, wie es im Alten Testament überliefert ist (Josue 10), als die Sonne auf Wunsch eines Menschen stillstand. In dem Buch »Mystische Stadt GOTTES« lesen wir, Maria habe GOTT unter dem Kreuz gebeten, Er möge die Sonne verdunkeln. Damals hat sie von ihrem Recht als

[1]) Paul Laschober, Flugblatt, St.-Anna-Verlag, Gringstraße 7, D-5300 Bonn

[2]) Gebhard Lins, Die Botin der göttlichen Barmherzigkeit, Katholischer Buch- und Kunstverlag, A-6804 Feldkirch-Altenstadt

Königin des Himmels und der Erde erstmals Gebrauch gemacht.

Seit dem Beginn der Erscheinungen im Jahre 1961 kamen buchstäblich Tausende von Leuten aus vielen Teilen der Welt mit allen Arten von Ausrüstungen ins Dorf Garabandal, um die Seherkinder aus erster Hand als Zeugen zu erleben, wenn sie mit Unserer Lieben Frau redeten.

Wie es gelegentlich während der Ekstase passierte, wiederholte das Kind die Worte Unserer Lieben Frau in der Form von Fragen. Eine Frau, die nahe bei Conchita geblieben war, hörte diese Worte und nahm sie mit ihrem Tonbandgerät auf. Es war nicht unüblich, solche Dialoge aufzunehmen.
Hier ist der Dialog Conchitas mit Unserer Lieben Frau:

> **»Sagtest du, daß das Wunder stattfinden werde?... Und was das Wunder sein wird? ... Und wir werden die Seligste Jungfrau sehen? ... Und wann? ... Es wird nicht vor mir allein stattfinden. Ich will dies nicht ... Wirke es nicht auf diese Weise! Laß es vor uns Vieren geschehen ...«**

Was die Natur des großen Wunders anbetrifft, folgendes:
In dem Buch: »Stern im Gebirge« steht im 38. Kapitel: »Dialog im Zelt«.
Conchita wird ihrerseits befragt: »Kennen Sie Fatima?«
Ein wenig, ich habe vom Sonnenwunder reden hören.
Das Wunder von Fatima ist nichts im Vergleich zu dem, was sich hier ereignen wird. Es wird viel, viel größer sein. —
In diesem Augenblick flüstert der Interpret Mme. X

zu: »Ich glaube, man wird die Hl. Jungfrau sehen, sie selbst.«
Conchita, welche dies gehört hat, erwidert sofort: »Nein. nein. Das ist es nicht. Bei einer anderen Gelegenheit hatte sie ihren diesbezüglichen Gedanken folgenderweise präzisiert: »Wenn man die Hl. Jungfrau sehen würde, dann wäre das eine Erscheinung und nicht ein Wunder.«
Daraufhin hob Conchita ihre Arme hoch, streckte sie aus und sagte: »Es wird viel größer, viel gewaltiger sein als Fatima.
Die anwesenden Personen werden davon so erschüttert sein, daß niemand mehr zweifelnd davongehen wird.«
Es sollte die ganze Welt anwesend sein beim großen Wunder, denn dann gäbe es sicherlich kein Strafgericht, weil die ganze Welt glauben würde.«

Der ungewöhnliche Tod des Jesuitenpaters

Besondere Beachtung verdient der plötzliche Tod des jungen Jesuitenpaters Luis Maria Andréu, S. J. Pater Andréu schaute bei den Pinien das künftige »Große Wunder«.

Die Broschüre »GARABANDAL« — Text von F. Sanchez-Ventura y Pascual — aus der französischen Fassung von G. du Pilier berichtet hierzu auf den Seiten 14—15:

»**Der unerklärliche Tod des Paters Luis Andréu, S. J.**
— Die Familie Andréu zählte vier Jesuiten-Patres: Alexandro, Ramon, Marsellino und Luis.

Am 8. August 1961 begab sich Pater Luis nach Garabandal und las dort die hl. Messe am Altar des hl. Sebastian. — Alle Anwesenden bemerkten die besondere Andacht, mit der er die heilige Handlung vollzog.

Im Verlauf des Tages wohnte er erstmals einer Reihe von Erscheinungen bei. Er beobachtete die Kinder, die in Ekstase waren, aufs genaueste, und schrieb einige Bemerkungen in sein Notizbuch. Er war tief bewegt und zu verschiedenen Malen rannen Tränen über sein Gesicht.

Als es Abend geworden war, folgte der Pater den Kindern zu den Pinien, wohin die Vision sie führte. Mitten in der Ekstase schien eine besonders starke Bewegung über ihn zu kommen. Er wurde ganz bleich und Zeugen hörten, wie er viermal deutlich ausrief: »Ein Wunder! Ein Wunder!«

Warum hatte Pater Luis diese Worte gesagt? Er hat sich selbst darüber nicht ausgesprochen. Aber die Kinder, die man hierüber befragte, versicherten, er hätte das wunderbare Zeichen, »das große Wunder« gesehen, das die Erscheinung verkündet hatte und auf das wir noch zu sprechen kommen werden.

»Das ist der schönste Tag meines Lebens«, sagte er immer wieder im Auto des Herrn Fontaneda, das ihm noch in der Nacht auf den 9. August nach Valladolid zurückbrachte. »Wie wohl ist mir! Was für ein Geschenk hat mir die Mutter Gottes gemacht! Was für ein Glück, so eine gute Mutter im Himmel zu haben!« Als sie in Reinosa ankamen, brach Herr Fontaneda ein längeres Schweigen und stellte eine Frage. Er erhielt keine Antwort und beugte sich zu seinem Mitfahrer. Da bemerkte er, daß jener bewußtlos war: Das Herz schlug nicht mehr. Eine Krankenschwester aus der Klinik, in die man sich eilig begab, konnte nur mehr den Tod feststellen. Das Antlitz des Toten aber schien durchaus ruhig, fast lächelnd und verriet keine Spur von Leiden oder Angst.

Man hatte vergeblich eine Erklärung des Todes von Pater Luis gesucht. Er war vollkommen gesund am Tag seiner Wallfahrt nach Garabandal. Man kannte bei ihm keine Krankheit, außer daß er manchmal Heuschnupfen bekam, was als Todesursache nicht in Frage kommt. Die ihm Nahestehenden sind überzeugt, daß er aus Freude gestorben ist, aus übernatürlicher Freude, wenn man so sagen kann.

Die Geschichte ist noch nicht zu Ende, solange man nicht hinzufügt, was die kleinen Seherinnen versichern: Sie hätten mit Pater Luis in einer ihrer Visionen gesprochen. Pater Ramon Andréu war Zeuge dieser merkwürdigen Konversation. Er wurde dadurch von der Richtigkeit der Aussage überzeugt, da er hörte, wie die Kinder von gewissen ihnen unbekannten Details sprachen. Auch gewisse Dinge, die das Begräbnis des Pater Luis betrafen und die der Bruder selbst noch nicht kannte, wurden besprochen. Pater Ramón konnte sich im Nachhinein davon überzeugen, daß das Gesagte zutraf.«

»Conchita prophezeite ebenfalls, daß P. Luis Maria Andréu S. J. am Tag des Wunders im Friedhof von Ona exhumiert und unverwest gefunden werde, und daß zwei seiner Brüder, die fern von Spanien, in Caracas und auf Formosa, als Jesuitenmissionare wirken, sich zu jener Zeit in der Heimat befinden würden. Nach Conchitas Worten wird Rußland durch dieses Wunder anfangen, sich zu bekehren, wird es doch so groß sein, wie unsere Glaubensnot es braucht.«
(Irmgard Hausmann, Die Ereignisse von Garabandal, S. 49)

Der blinde Amerikaner

Der Amerikaner Joseph Lomangino verlor vor vielen Jahren bei einem Unfall das Augenlicht. Er ist völlig erblindet. Der durch diesen Unfall Erblindete hatte einen Traum. In diesem Traum wurde ihm mitgeteilt, daß er sein Augenlicht wiederfinden werde, und zwar auf einer grünen Wiese.

Daraufhin fuhr er zu P. Pio. Dieser schickte ihn nach Garabandal. Conchita hatte in einer ihrer Ekstasen von der Hl. Jungfrau gesagt bekommen, es käme ein blinder Amerikaner, welcher sie fragen werde, ob er sein Augenlicht wieder bekommen werde. »Sag ihm, — sagte die Hl. Jungfrau, das erste, was er sehen wird, wird das große Wunder sein. —«

Eine Verwirklichung dieser Vorhersage mögen viele für unwahrscheinlich halten. Täuschen wir uns nicht; bei GOTT ist kein Ding unmöglich! Wenn Er mit ein paar Tropfen Wasser ein Gotteskind machen kann und Er sich uns in der HOSTIE ganz schenken kann, warum soll Er, der Schöpfer des Himmels und der Erde, nicht an uns armen Erdenwürmern ein großes Wunder wirken können? Warten wir ab!

Wieviele werden uns später einmal den Vorwurf machen, sie nicht aufgeklärt zu haben. Heute jedoch, da wir noch vor diesen großen Ereignissen stehen, hat man für solche »Kindermärchen« nur ein mildes Lächeln übrig. Solche Phantasien können doch nur in kranken Gehirnen auftreten ...

FATIMA

Durch die Erzählungen und die Berichte der Zeitungen war das für den 13. Oktober 1917 angekündigte Wunder überall bekanntgeworden. Die liberale Presse hatte mit dem Versuch, die Vorgänge in Fatima ins Lächerliche zu ziehen, das gerade Gegenteil erreicht. So hat der Himmel doch für 70.000 anwesende Zeugen gesorgt.

Haben wir nicht auch jetzt das Recht auf die Parallele Fatima — Garabandal hinzuweisen?

Hat die Welt schon vergessen, was sich an jenem 13. Oktober 1917 abspielte?

Wollen wir auf jenen Tag zurückblenden:

»Und es kam ein großer Tag unseres Jahrhunderts, der Tag eines verheißenen Wunderzeichens, das weithin in Raum und Zeit leuchten und viele zum Glauben an GOTT führen sollte: der Tag des 13. Oktober 1917. Trotz strömenden Regens waren von nah und fern gegen 70.000 Menschen, gläubige und ungläubige, fromme und unfromme, Menschen aller Schichten, alle von GOTTES Gnade irgendwie berührt, dem Erscheinungsorte Mariens zugepilgert. Das natürliche Amphitheater der Cova da Iria war voll von Menschen, auf die der verklärte Blick der Mutter und Königin mit Liebe herabschaute.

Inmitten der ungeheuren Menge still gewordener, müder Pilger hörte man das Wort der kleinen Lucia, geheimnisvoll Ohr und Herz berührend:

»Ihr müßt die Regenschirme schließen!«

Alle gehorchten. Mitten im Regen beteten die völlig durchnäßten und vor Kälte steifen Pilger auf dem aufgeweichten, sumpfigen Boden den Rosenkranz. Welche Mühen hatten diese Pilger auf stundenweiten, unbequemen Wegen auf sich nehmen müssen! GOTT hatte ihren Glauben geprüft, damit er ein guter Boden werde für Sein Wort, das Er im Wunder zu ihnen sprechen wollte, für die Gnaden, die Er ihnen durch Maria schenken wollte!

Und plötzlich — nachdem der Regen aufgehört hatte —, sah die Menge eine leichte weiße Wolke, die sich wie Weihrauch um die Seherkinder bildete, wie sie sich etwa fünf bis sechs Meter erhob und sich auflöste — und so dreimal, als wenn ein unsichtbarer Priester eine Gestalt inzensierte, die da erschienen war. Leute aus dem Volke hatten die Steineiche mit Blumen und Seidenbändern geschmückt. Und wie die Kinder später behaupteten, setzte die Dame ihre Füße auf diesen Schmuck, wie um diese Zeichen naiver Liebe zu belohnen. Maria nimmt alles an, mag es noch so unbedeutend scheinen, wenn es nur aus Liebe geschieht.

Und Lucia stellte die Frage. »Frau, wer seid Ihr? — und was verlangt Ihr von mir?«

Und es kam die einfache Antwort: »**Ich bin die Königin des Rosenkranzes. Ich will, daß man hier zu meiner Ehre eine Kapelle errichte. Man soll fortfahren, alle Tage den Rosenkranz zu beten. Dann wird der Krieg dem Ende entgegengehen und die Soldaten werden bald heimkehren.**«

Merken wir uns die Hauptgedanken: Königin des Rosenkranzes — eine Kapelle, wo man sie als solche ehrt (heute steht dort die gewaltige Rosenkranzbasilika mit den 15 Altären zu Ehren der 15 Rosenkranzgeheimnisse) — alle Tage den Rosenkranz beten. Und ihre Hände öffneten sich — sie strahlten wiederLicht aus — doch gingen diesmal die Strahlen hinauf zur Sonne. Lucia sah, wie die Finger der Erscheinung auf die Sonne zeigten und rief: »Schaut die Sonne!« Und GOTT gab ein doppeltes Schauspiel, eines für die Seherkinder allein und eines für die Menge.

Die Kinder sahen rechts von der Sonne Maria in weißem Kleid und blauem Mantel als die Königin des freudenreichen Rosenkranzes, links von der Sonne den hl. Josef, der in diese Geheimnisse so unzertrennbar verwoben ist, mit dem Jesuskind, das wir in ihnen betrachten und das die Welt segnend dargestellt war.

Plötzlich änderte sich das Bild: links von der Sonne erschien unsere Liebe Frau von den Sieben Schmerzen als Königin des Schmerzhaften Rosenkranzes und rechts von der Sonne der Heiland, der im Kreuzeszeichen die Welt segnet wie bei seiner Himmelfahrt.

Ein drittes Mal wechselte das Bild. Wieder links von der Sonne erschien Maria als Unsere Liebe Frau vom Berge Karmel mit dem Skapulier in der Hand zum Zeichen, daß sie uns als die Königin des Glorreichen Rosenkranzes auf den Karmel, d. h. in den Himmel, führt.

Unterdessen schaute die Menge anderes. Auf den Ruf Lucias: »Schaut die Sonne!« zerrissen mit einem Schlag die Wolken — und in einem großen Stück blauen Himmels erschien die Sonne in vollem Glanze — doch ohne zu blenden — und sie begann zu zittern, zu schwanken, sich zu bewegen, immer rascher, wie zu tanzen. Sie drehte sich vier bis fünf Minuten lang rasend schnell wie ein Feuerrad um sich selbst und warf wie ein gewaltiger Scheinwerfer riesige Lichtbündel in allen Farben aus, die ganze Natur und die atemlos dastehenden Menschen in ein phantastisches Farbenspiel tauchend.

Und es stand die Sonne einen Augenblick still, um den Tanz wieder zu beginnen — und wieder stand sie still, um ein drittes Mal den Tanz zu beginnen — die ganze Schöpfung hineinziehend. Es war in diesem dreimaligen Gang wie ein Spiel vor dem dreifaltigen GOTT — und in diesen 15 Minuten wie ein Lobgesang auf die 15 Geheimnisse des Rosenkranzes. — Etwa 40 Kilometer weit konnten es viele sehen. Körperlich wie atemlos, seelisch tief ergriffen, standen die Menschen da, staunend, anbetend vor GOTTES Wundermacht.

Doch siehe! — Plötzlich löste sich die Sonne vom Firmament — wie ein Rad, das durch zu schnelle Bewegung losgeschraubt wird — und schien wie im Zickzack fliegend — blutrot — auf die Menge stürzen zu wollen. Und es war wie ein einziger Schrei von Tausenden, die sich mit ganzem Ernst auf den Tod vorbereiten: »Mein GOTT, ich glaube! Mein Jesus, Barmherzigkeit! Maria!« Mit einer einzigen Bewegung sanken nun die Massen auf den sumpfigen Boden — weinend — schluchzend — bereuend.

Und siehe! — als ob diese Reue wie eine gewaltige Kraft sich der Sonne entgegenstemmte — die Sonne hielt! — und schwankend — zitternd kehrte sie an ihren Platz zurück, den der Schöpfer ihr zugewiesen hatte.

Überwältigt von der Schau der Gottesmacht — standen die Massen wieder auf — wie ein Mann — und in gewaltigem Chor erklang das Credo. Und wie es verklungen war — siehe: es fühlten sich alle wohl — die Kleider waren trocken — und es war zuerst eine große Stille — und sie stiegen vom Berge wie Moses — mit einem Antlitz, das strahlte von der Berührung mit GOTT, wie neugetauft, mit einem Herzen voll Glauben, Anbetung, Hoffnung und Liebe.

War das ein Vorspiel künftigen Geschehens?«[1])

F A T I M A (13. Mai bis 13. Oktober 1917)

»Wollt ihr euch GOTT schenken, bereit, jedes Opfer zu bringen und jedes Leid anzunehmen, das Er euch schicken wird, als Sühne für die vielen Sünden ... um die Bekehrung der Sünder zu erlangen ...?«

»Betet, betet und bringt viele Opfer für die Sünder. Denn es kommen viele in die Hölle, weil sich niemand für sie opfert und für sie betet.«

»Viele Ehen sind nicht gut, sie mißfallen dem Herrn. Es werden gewisse Moden aufkommen, die meinen Sohn sehr beleidigen werden!«

[1]) Josef Schafer, Fatima — Ist alles zu spät? Sekretariat der Kleinen Seelen, CH-6432 Rickenbach, S. 89—91, 94, 96

*»**Betet jeden Tag den Rosenkranz** für die Bekehrung der Sünder!«*

Nur Beter mit ausgestreckten Armen können den Sturz der Welt noch abfangen.
Pius XII.

Es ist ein wahrhaft schaudererregendes Mysterium, das man niemals genug betrachten kann, daß nämlich das Heil vieler abhängig ist von den Gebeten und freiwilligen Bußübungen der Glieder des geheimnisvollen Leibes Jesu Christi, die sie zu dem Zweck auf sich nehmen, und von der Mitwirkung, die Hirten und Gläubige, besonders die Familienväter und Mütter, dem göttlichen Heiland leisten.

PIUS XII. in der Enzyklika »Mystici Corporis«

Die dritte Botschaft von Fatima

Nach einer Serie von sechs Erscheinungen offenbarte die Muttergottes am 13. Oktober 1917 Lucia eine Sonderbotschaft, die in die Geschichte als die dritte Botschaft von Fatima eingegangen ist. Diese Sonderbotschaft der Muttergottes wurde unter dem 20. April 1953 dem portugiesischen Bischof in Leiria zugeleitet, nachdem die Kirchenbehörden versicherten, daß bei der Nachprüfung der Botschaft von Fatima, die sich von 1917 bis 1953 erstreckte, sich nichts ergeben habe, was der Wahrheit zuwiderlaufe. Von Leiria aus gingen dann die Dokumente an den Erzbischof von Coimbra, der sie durch einen Sonderbeauftragten nach Rom bringen ließ, wo sie Papst Pius XII. vorgelegt wurden. Als Papst Pius XII. die dritte Botschaft gelesen hatte, war er von ihrem Inhalt derart erschüttert, daß er das

Dokument wieder versiegelte mit der Weisung, es seinem Nachfolger zu dessen Verfügung zu übergeben.

Kurze Zeit danach verstarb Papst Pius XII. Im Oktober 1958 wurde Papst Johannes XXIII. zu seinem Nachfolger gewählt. Zu Beginn des Jahres 1963 wurde diesem die Frage vorgelegt, was mit der dritten Botschaft von Fatima geschehen solle, worauf er antwortete: »Sie bleibt bis auf weiteres Geheimnis des Vatikans. Sie kann nicht der Weltöffentlichkeit mitgeteilt werden, denn die Bekanntgabe ihres Wortlautes würde eine weltweite Panik hervorrufen.«

Am Pfingstmontag, dem 3. Juni 1963, starb Papst Johannes XXIII. Zu seinem Nachfolger wurde Papst Paul VI. gewählt. Wenige Monate nach seiner Wahl zum Pontifex wurde ihm die dritte Botschaft von Fatima vorgelegt. Auch an ihn wurde die Frage gerichtet, was mit ihr geschehen solle, ob sie weiter streng gehütetes Geheimnis des Vatikans bleiben oder wenigstens teilweise der Weltöffentlichkeit zugänglich gemacht werden könne. Wie Papst Pius XII. und Papst Johannes XXIII. war auch Papst Paul VI. über den Inhalt der dritten Botschaft von Fatima tief erschüttert, so daß auch er zu der Überzeugung kam, daß das sensationelle Dokument bis auf weiteres Staatsgeheimnis des Vatikans bleiben müsse. Doch suchte er nach einer Lösung, die es ermöglichte, wenigstens bestimmte Teile der dritten Botschaft von Fatima bestimmten Persönlichkeiten der hohen Weltpolitik zugänglich zu machen. Das geschah in den Jahren 1963/64. Ein Auszug der dritten Botschaft von Fatima ist auch Präsident Kennedy, Premierminister McMillan und Ministerpräsident Chruschtschow zum persönlichen Studium übermittelt worden. Er spielte bei der Unterzeichnung des anglo-amerikanisch-russischen Verständigungsabkommens eine große Rolle. Die führenden Männer der beiden weltpolitischen Machtblöcke waren von dem

Inhalt der Botschaft in gleichem Maße tief bestürzt wie Papst Pius XII., Papst Johannes XXIII. und Papst Paul VI.

Hier der Text
der dritten Botschaft:

»Über die ganze Menschheit wird eine große Züchtigung kommen, noch nicht heute und noch nicht morgen, aber in der zweiten Hälfte des zwanzigsten Jahrhunderts. Was ich in La Salette bereits durch die Kinder Mélanie und Maximin zum Ausdruck brachte, wiederhole ich heute dir gegenüber: Die Menschheit hat sich nicht so entwickelt, wie es GOTT, mein Vater, erwartete. Die Menschheit hat gefrevelt, und sie hat das Geschenk, das ihr gegeben wurde, mit Füßen getreten. Nirgends mehr herrscht Ordnung. Selbst in den höchsten Stellen regiert Satan und bestimmt den Gang der Dinge. Er wird es verstehen, sogar in die Spitze der Kirche einzudringen. Es wird ihm gelingen, die Köpfe großer Wissenschaftler zu verwirren, die Waffen erfinden, mit denen man die Hälfte der ganzen Menschheit in wenigen Minuten vernichten kann! Er wird die Mächtigen der Völker in seinen Bann schlagen und sie veranlassen, daß diese Waffen in Massen erzeugt werden. Wenn sich die Menschheit dagegen nicht wehrt, werde ich gezwungen sein, den Arm meines Sohnes Jesus Christus fallen zu lassen. Wenn die hohen Spitzen der Welt und der Kirche diesem Geschehen nicht in den Arm fallen, werde ich es tun und GOTT, meinen Vater, bitten, das Strafgericht über die Menschen kommen zu lassen. Und siehe, GOTT wird dann die Menschen strafen, noch härter und noch schwerer, als er sie durch die Sintflut gestraft hat. Und die Großen und Mächtigen werden dabei ebenso zugrunde gehen wie die Kleinen und Schwachen.

Aber auch für die Kirche kommt eine Zeit schwerster Prüfungen. Kardinäle werden gegen Kardinäle und Bischöfe gegen Bischöfe sein! Satan tritt mitten in ihre Reihen. Und auch in Rom wird es große Veränderungen geben. Was faul ist, fällt, und was fällt, soll nicht gehalten werden. Die Welt gerät in Bestürzung.

Der große, große Krieg fällt in die zweite Hälfte des zwanzigsten Jahrhunderts. Feuer und Rauch werden dann vom Himmel fallen, und die Wasser der Ozeane werden verdampfen, und der Gischt wird gen Himmel zischen, und alles wird umstürzen, was aufrecht steht. Und Millionen und aber Millionen von Menschen werden von einer zur anderen Stunde ums Leben kommen, und die, welche dann noch leben, werden diejenigen beneiden, die tot sind. Und Drangsal wird sein, wohin man schaut, und Elend auf der ganzen Erde und Untergang in allen Ländern. Siehe, die Zeit kommt immer näher, und der Abgrund wird immer größer, und es gibt keine Rettung; und die Guten werden mit den Schlechten sterben und die Großen mit den Kleinen, und die Kirchenfürsten mit ihren Gläubigen und die Herrscher der Welt mit ihren Völkern, und überall wird der Tod regieren, von irrenden Menschen zu seinem Triumph erhoben und von Knechten Satans, der dann der einzige Herrscher auf Erden ist. Es wird eine Zeit sein, die kein König und Kaiser und kein Kardinal und Bischof erwartet, und sie wird dennoch kommen nach dem Sinne meines Vaters, um jene zu strafen, die bestraft werden müssen. Später aber, wenn jene, die alles überstehen, noch am Leben sind, wird man erneut wieder nach GOTT und seiner Herrlichkeit rufen, und man wird GOTT wieder dienen wie einst, als die Welt noch nicht so verdorben war. Ich rufe alle wahren Nachfolger meines Sohnes Jesus Christus auf, alle wahren Christen und die Apostel der letzten Zeiten! Die Zeit der Zeiten kommt und das Ende, wenn die Menschen sich nicht bekehren und diese Bekehrung nicht von oben kommt, von den Regierenden der Welt und den Regierenden der Kirche. Doch wehe, wehe, wenn diese Bekehrung nicht kommt und alles bleibt wie es ist, ja alles noch viel schlimmer wird! Gehe hin, mein Kind, und verkünde das! Ich werde dir dabei helfend zur Seite stehn!«

P. Fuentes, der Postulator im Seligsprechungsprozeß der Seherkinder Jacinta und Francesco, berichtet dazu: »Ich bringe noch eine äußerst wichtige Nachricht aus Fatima:

Der Hl. Vater hat mir erlaubt, Lucia zu besuchen (jetzt im Karmel in Coimbra). Sie empfing mich voll Traurigkeit. Sie war abgemagert und sehr betrübt. Als sie mich sah, sagte sie mir: »Pater, die Madonna ist sehr unzufrieden, weil man sich nicht um ihre Botschaft vom Jahre 1917 gekümmert hat. Weder die Guten noch die Bösen haben sich danach gerichtet. Sie kümmern sich in keiner Weise um die Strafen, die ihnen drohen. Die Guten gehen ihren Weg, ohne sich Sorgen zu machen. Sie folgen nicht den himmlischen Weisungen, und die Bösen gehen weiter auf ihrem breiten Weg des Verderbens. Glauben Sie mir, Pater, der Herr wird die Welt sehr bald bestrafen. Die Strafe steht nahe bevor. Sie kommt sehr bald. Pater, stellen Sie sich die größte Züchtigung vor! Wieviele Seelen werden in die Hölle fallen, und dies wird eintreten, wenn man nicht betet und Buße tut! Darum ist die Madonna traurig. Pater, sagen Sie es allen, — die Muttergottes hat es mir oft gesagt —: Viele Nationen werden vom Antlitz der Erde verschwinden. Rußland wird die Geißel sein, die GOTT erwählt hat, um die Menschheit zu strafen, wenn wir mit unseren Gebeten und den Sakramenten nicht die Gnade seiner Bekehrung erlangen. Sagen Sie, Pater, daß der Teufel den Entscheidungskampf gegen die Muttergottes beginnt; denn das, was das Unbefleckte Herz Mariens und Jesus betrübt, ist der Fall der Seelen der Ordensleute und Priester. Er weiß, daß alle Ordensleute und Priester, wenn sie ihre erhabene Berufung aufgeben, viele Seelen in die Hölle führen. Wir sind kaum imstande, die Strafe des Himmels zu verzögern.

Wir haben zwei hervorragende Mittel zu unserer Verfügung: das Gebet und das Opfer. Der Teufel unternimmt alles, um uns zu zerstreuen und uns die Lust am Beten zu nehmen. Wir werden uns gemeinsam retten oder verdammen. Darum, Pater, muß man den Leuten sagen, daß sie nicht darauf warten sollen, bis der Papst oder die Bischöfe, Pfarrer oder Generalobere einen Aufruf zu Buße und Gebet erlassen. Es ist nun an der Zeit, daß jeder in eigener Initiative nach den Weisungen der Muttergottes heilige Werke vollbringt und sein Leben umgestaltet!! Der Satan will sich der geweihten Seelen bemächtigen; er sucht sie zu verderben, um die anderen zur endgültigen Unbußfertigkeit zu führen. Er braucht seine ganze Schlauheit und versucht sogar einzuflüstern, das Ordensleben aufzugeben... Daraus folgt Unfruchtbarkeit für das Innenleben und Gleichgültigkeit bei den Weltlichen in bezug auf die Aufgabe von Vergnügen und die totale Hingabe an GOTT. Sagen sie es, Pater, daß es zwei Dinge waren, die Jacinta und Francesco zur Heiligkeit verholfen haben: die Traurigkeit der Muttergottes, und die Vision der Hölle...

1917 — 1977
60 Jahre Fatima und seine Folgen

Am 13. Mai 1917 und jeden Dreizehnten des Monats bis zum 13. Oktober 1917 (sechsmal also im ganzen) ist die Gottesmutter Maria d r e i Hirtenkindern erschienen. Bei der dritten Erscheinung sagte Maria zu den Kindern folgendes:

»... Wenn man das tut, was Ich euch sage, werden viele Seelen gerettet und der Friede wird kommen. Der Krieg geht dem Ende entgegen; aber wenn man nicht aufhört, den Herrn zu beleidigen, wird nicht lange Zeit vergehen, bis ein neuer, noch schlimmerer beginnt (2. Weltkrieg mit 56 Millionen Toten). Wenn Ihr eines Nachts ein unbekanntes Licht sehen werdet (Nordlicht vom 24. auf 25. Januar 1938), so wisset, daß es das Zeichen ist, das GOTT euch gibt, daß die Bestrafung der Welt für ihre vielen Verbrechen nahe ist, Krieg, Hungersnot und Verfolgung des Hl. Vaters und der Kirche. ... Um das zu verhindern, werde ich kommen, damit man die Welt meinem Unbefleckten Herzen weihe und die Sühnekommunion am ersten Samstag des Monats einführe. Wenn nicht, so wird eine glaubensfeindliche Propaganda in der Welt ihre Irrtümer über die Welt verbreiten, indem sie Kriege und Kirchenverfolgungen hervorruft. Die Guten werden gemartert werden, der Hl. Vater wird viel zu leiden haben, verschiedene Nationen werden vernichtet werden (Atombombe!). Am Ende wird mein Unbeflecktes Herz triumphieren, der Hl. Vater wird mir Rußland weihen, und der Welt wird einige Zeit des Friedens geschenkt werden. ...«

Erinnern wir uns, daß die Kirche offiziell FATIMA **1931** anerkannt hat; das sind 14 Jahre nach dem Sonnenwunder, das 70.000 Menschen gesehen haben.

Erinnern wir uns auch, daß es erst im Jahre **1941** gewesen ist, daß man begonnen hat, die feierlichen Warnungen bekanntzugeben, welche die hl. Jungfrau in **FATIMA 1917** gegeben hat.

Ruinen, Elend, Zerstörung, Austreibungen und Millionen Tote hätten sich erübrigt, wenn man auf die

Rufe der Muttergottes gehört hätte.

Der Zweite Weltkrieg und seine Folgen

Was ist geschehen? Beachten wir folgende Ereignisse:

1. September 1939	Als der Krieg begann (offene Kriegserklärung an Polen), war HERZ-JESU-FREITAG.
22. Juni 1941	Als der Krieg mit Rußland begann, war der Sonntag, an dem das Herz-Jesu-Fest gefeiert wurde.
8. Dezember 1941	Als der Krieg Japan — Amerika begann, war das Fest der Unbefleckten JUNGFRAU und GOTTESMUTTER MARIA.
31. Oktober 1942	Der Papst nimmt die Weltweihe an das Unbefleckte Herz Mariens vor, die Maria durch Lucia verlangt hatte. Am gleichen Tag begann die Entscheidungsschlacht bei El Alamein (großer Wendepunkt im Krieg).
8. November 1942	Landung der Amerikaner in Nordafrika. Fest Maria Schutz.
8. Dezember 1942	Fest Maria, Unbefleckte Empfängnis: Beginn der Tragödie von Stalingrad.
2. Februar 1943	Maria Lichtmeß: Stalingrad fällt; General Paulus muß sich mit seiner Armee ergeben.
13. Mai 1943	Fatimatag: Der deutsche Heeresbericht meldet, daß der Krieg in Afrika zu Ende sei.

15. August 1943	Maria Himmelfahrt: Fall von Sizilien.
8. September 1943	Fest Mariä Geburt: Italien kapituliert.
13. Mai 1944	Fatimatag: Ende des Krieges um die Krim-Halbinsel (deutscher Heeresbericht).
15. August 1944	Maria Himmelfahrt: Invasion der Amerikaner bei Toulon.
12. September 1944	Fest Mariä Namen: Die Amerikaner überschreiten die Grenze des Deutschen Reiches.
8. Mai 1945	Fest der Erscheinung des Erzengels Michael, des Schutzpatrons von Deutschland: Waffenstillstand in Deutschland.
15. August 1945	Maria Himmelfahrt: Kapitulation Japans.

Rückschau

Am 8. Dezember, dem Fest der Unbefleckten Empfängnis, hat der Krieg in **Japan begonnen, am Feste Maria Himmelfahrt ging er zu Ende.**

Zweimal am 13. Mai, dem Jahrestag der ersten Erscheinung der Gottesmutter in F a t i m a , mußte der deutsche Heeresbericht melden, daß der Krieg — das erste Mal in Afrika, das zweite Mal auf der Krim-Halbinsel — zu Ende sei.

Dreimal am 15. August, Fest Maria Himmelfahrt, waren besondere Ereignisse:

1. Fall von Sizilien, 2. Invasion der Amerikaner bei Toulon, 3. Ende des Krieges in Japan.

Dreimal am 8. Dezember, Fest der Unbefleckten Empfängnis Mariens, waren wieder besondere Ereignisse:

1941 Beginn des Krieges Japan — Amerika.

1942 Der Papst nimmt die Weltweihe an das Unbefleckte Herz Mariens vor.

1942 Beginn der Tragödie von Stalingrad.

Wer sieht hier nicht die Zusammenhänge zwischen dem Kriegsgeschehen und der Gottesmutter? Wollen wir doch einsehen, daß Maria, die Unbefleckte, das große Zeichen am Himmel ist, das der Schlange den Kopf zertritt. Sie ist die mächtigste Helferin und Fürsprecherin bei Jesus, ihrem göttlichen Sohne. Bedenken wir, daß St. Michael, der Fürst der himmlischen Heerscharen, zugleich der Himmlischen Herrin und Königin untersteht, so mag manchem der Gedanke kommen, wie es denn möglich sei, daß gerade am Fest des hl. Erzengels Michael, des Schutzpatrons der Deutschen, die vernichtende Niederlage über Deutschland kommen mußte.

St. Michael hat gerade an jenem schweren Schicksalstag offenbar seinen Schutz für unser — durch entsetzliche Schrecken gegangenes Volk wieder aufgenommen, indem er endlich die Macht des Nationalsozialismus von ihm nahm, welcher der Kirche und dem Christentum wie dem Judentum den Vernichtungskrieg proklamiert hatte. (Denken wir an die vielen Priester und Ordensleute, die in den Konzentrationslagern ihr Leben lassen mußten!)

Beachten wir, daß der Zweite Weltkrieg an einem Herz-Jesu-Freitag begann, und am 22. Juni, — als der Krieg mit Rußland begann— war der Sonntag, an dem das Herz-Jesu-Fest gefeiert wurde. Warum gerade an diesen Tagen? Wir haben die großen Gnadenangebote, welche uns der göttliche Heiland durch **Maria Margaretha Alacoque** (1647-1690) in Paray le Monial in Frankreich geschenkt hatte, nicht ernst genug genommen, und es überhaupt die letzten Jahrzehnte an Gebet, Sühne und Buße für unsere Sünden fehlen lassen; und so folgte die Strafe und Sühne an diesen Tagen. (Siehe die Kleinschrift: »Die hl. Margaretha M. Alacoque« von E. Kawa, Verlag Ars sacra, München, oder Kanisius-Verlag, Freiburg/Schweiz.)

Und nun fragen wir uns: **Wer nimmt die großen Gnadenangebote der Gottesmutter in Fatima ernst? Wer ihre Warnungen?**

Die schrecklichen teuflischen Waffen für einen Dritten Weltkrieg liegen bereit, um ganze Völker auszurotten. Die Christenheit schläft. Chruschtschow sagte in einer Rede: »**Ich schöpfe Kraft aus der Überzeugung, daß eines Tages die rote Fahne über der ganzen Welt wehen wird ...**«

Ja, es kann für uns ein fürchterliches Erwachen werden, wenn wir die Botschaft von Fatima nicht ernst nehmen. Ob die Zuchtrute GOTTES über uns kommt oder nicht, hängt von uns und jedem einzelnen ab.

Bei der Botschaft von Fatima handelt es sich um eine »bedingte« Strafe, wie es der Zweite Weltkrieg gewesen ist, und wie es übrigens alle Strafen GOTTES sind. **Frieden oder Krieg** ist nicht von einem Schicksal, sondern nur von uns selbst abhängig. Wir können sie **abwenden**, so wie die Bewohner von Ninive die Drohungen des Jonas abgewendet haben. Wir können uns aber auch **weigern**, zu glauben und unser Leben zu **bessern**, wie die Menschen zu Noahs Zeiten.

Die Bibel ist voll von Warnungen und Beispielen, die uns lehren und es immer wiederholen, daß die

S Ü N D E stets die S T R A F E des Himmels nach sich zieht. Wenn es Sünde gibt — und es gibt sie immer — wer will dies leugnen? — und wenn keine Buße geleistet wird, dann folgt mit Sicherheit die Strafe.

Nur den B E T E R N kann es noch gelingen, das Schwert von unseren Häuptern abzuwenden: wenn wir uns Zeit nehmen,

TÄGLICH DEN ROSENKRANZ ZU BETEN,

den Maria so eindringlich von uns in Fatima verlangte.

Wollen wir angesichts der großen Gefahr eines neuen Weltbrandes zu Maria in mächtigem Gebetssturm unsere Zuflucht nehmen, dann können wir n o c h vor dem Schlimmsten bewahrt werden.

A B E R E S I S T Z E I T,
A L L E R H Ö C H S T E Z E I T!

Einfluß des Rosenkranzgebetes auf die Weltgeschichte:

Rettung des Abendlandes vor der Türkengefahr:

1571 Seeschlacht bei Lepanto — Rosenkranzfest (Pius V.)

1683 Sieg über die Türken vor Wien — Fest Maria Namen (Innozenz XI.)

Wunder am Weichselbogen: **Sieg der Polen** über die anstürmenden Roten Armeen am 15. August 1920; **dadurch Freiheit des Abendlandes.**

Wunder des österreichischen Staatsvertrages als Folge des Sühnerosenkranzes 1955.

Ende des Prager Frühlings durch den Einmarsch der Russen am **22. August 1966** (Herz-Mariä-Fest).

Der Krieg **Indien — Pakistan** begann am 7. Dezember 1971 (Herz-Mariä-Samstag).

Das große Sonnenwunder von Fatima
(13. Oktober 1917)

Vergessen wir nicht: Das Große Wunder in Garabandal wird unvergleichlich größer und überzeugender sein als das Sonnenwunder von Fatima!

Fatima, 13. Mai 1977

Am Ende wird mein Unbeflecktes Herz triumphieren!

Wann wird das Große Wunder sein?

»Wenn wir uns über diese Frage Gedanken machen, müssen wir zunächst einmal die Stellung der Garabandal-Botschaft im Rahmen der gesamten Offenbarung GOTTES betrachten. In diesem verlassenen Dorf wird nichts Geringeres als die machtvolle Fundierung des Reiches GOTTES, genauer gesagt: der einen Herde unter einem Hirten, angekündigt. Inmitten eines Sodoma und Gomorrha zu prophezeien, daß »die ganze Welt glauben wird« (Conchita), ist tatsächlich etwas Unerhörtes. Nach dem Fatima-Wunder von 1917 haben nicht einmal alle Katholiken Portugals, geschweige denn das ganze »Katholische Volk der Erde«, geglaubt.

Die kommende Macht-Offenbarung GOTTES ist bereits in der hl. Schrift (z. B. Offbg 2, Vers 26) angeordnet und kann gemäß Amos 3,7 auch hinsichtlich Ort und Zeit präzisiert werden. Ersterer liegt bekanntlich bereits fest, die Zeitangabe konnte aus verständlichen Gründen nur verschlüsselt angegeben werden.

Es ist keine Übertreibung, sondern leicht zu begründen, wenn wir feststellen, daß es nach der Bibel keine wichtigere und alarmierendere Offenbarung gegeben hat als diejenige von Garabandal in den sechziger Jahren unseres Jahrhunderts. Ist dem so, dann müssen wir auch folgern: die vorhergehenden weltberühmten Offenbarungen sind in einem gewissen Maß Vorbereitung gewesen für jene einmalige von Garabandal. Beachtenswert sind hier die Fatima-Ereignisse, wobei auffällt, daß diese jeweils nur am 13. eines jeden Monats stattfanden. Zufall kann dies nicht sein, denn gemäß der hl. Schrift ist alles nach Maß, Zahl und Gewicht geordnet. Die 13 hat eine so geheimnisvolle Bedeutung, daß sie in fast allen Ländern von den Kindern des Teufels, den Abergläubischen, gehaßt und gefürchtet wird, ja geradezu der 13. April wurde einmal in einer Fernsehsendung als Inbegriff des Unheils hingestellt (!). Das Fernsehen brachte keine Erklärung dazu, aber man weiß ja, der Aberglaube gedeiht nur auf geistiger Stumpfheit und ist zugleich Kehrseite einer verdrängten Wahrheit. Nun zeigt sich aber frappierend: derselbe 13. April ist das einzige Datum, auf welches haargenau die Vorhersage Garabandals zutrifft: Fest eines Märtyrers, der indirekt mit der Eucharistie zusammenhängt. Direkte Märtyrer der hl. Eucharistie waren z. B. der hl. Tharzisius, auch Werner und Ramon. Diese erlitten ihren Tod bei direkter Verteidigung der hl. Kommunion vor der Verunehrung durch Gottesräuber. Etwas völlig anderes muß das Wort »indirekt« bedeuten. Ein Martyrium, das indirekt mit der Eucharistie in Zusammenhang steht, ereignete sich nur in einem einzigen in der Kirchengeschichte bekannt gewordenen Fall des hl. Hermenegild, berichtet von Gregor dem Großen.Nur dieser Märtyrer hat von der Kirche ein Fest erhalten. (Die Botschaft spricht ausdrücklich von dem Fest eines Eucharistiemärtyrers!)

Die einzig unsere Vernunft zufriedenstellende Erklärung des Wörtchens indirekt scheint mir darin zu bestehen: es heißt, dieser glorreiche Märtyrer habe sein Leben dadurch vollendet, indem er sich weigerte, etwas zu empfangen, was fälschlich als Leib des Herrn bezeichnet wurde. Dies war das Anerbieten des »Abendmahls« eines ungläubigen (arianischen) Bischofs an jenen spanischen Königssohn Hermenegild. Mit der Wahl dieses Termins von seiten GOTTES wäre zugleich der aktuellen Situation von Millionen Christen Rechnung getragen, wenn man bedenkt: viele gehen teils schuldlos unwissend, teils schuldhaft (wenn aufgeklärt!) zum Tisch des Herrn in einer Weise, die der gebührenden Ehrfurcht absolut nicht entspricht. Hermenegild wollte lieber sterben, als ein Schein- Sakrament empfangen und wäre damit ein herrliches Vorbild für Gläubige unserer Zeit: zu kämpfen gegen jede Art von Verunehrung oder gar Verfälschung des Glaubens in bezug auf dieses zentralste Sakrament.

Versuchen wir noch einmal, die Terminfrage genauer zu durchleuchten:

Die erste Erscheinung war am 18. Juni 1961.

Als Conchita im Jahre 1967 mit Nicole Storez über das Wunder sprach, sagte sie: »**Im April** wird es geschehen ... macht nichts, was den Monat betrifft, ich verrate dir das Jahr nicht.«

Wörtlich sagte sie einmal: »Es wird sein 'despues de la nieve'« = nach dem Schnee; also im Frühling.

Vor mehreren Jahren bemerkte Conchita zu Frau Herrero de Gallerdo: »Der Märtyrer des Großen Wunders ist kein Kind, wie Pater Laffineur (Dr. Bonance) meint. Er ist ein junger Mann von 22 Jahren.« (Vergleiche nachstehende Lebensgeschichte des hl. Hermenegild!)

Conchita betonte sehr oft, das Wunder werde an einem Donnerstag sein.

Zur Zeit der Erscheinung sagte Conchita zu Frau Herrero: »Die Ereignisse werden dann eintreffen, wenn die **Kommunisten wiederkommen.**«

(Sie hatten vor kurzem ihren nationalen Kongreß in Spanien!) (Josef R. Jansen)

1967 sagte Conchita, nach Mitteilung eines guten Garabandal-Kenners:

»Das Wunder wird kommen, wenn der Papst nach

Beachten Sie dazu folgende Bücher: „Reinigung der Erde – Prophezeiungen über die Zukunft der Menschheit", „Der dritte Weltkrieg und was danach kommt". Mediatrix-Verlag, A-3423 St. Andrä-Wördern, Gloriette 5, Österreich.

Rußland geht! Es war schon einmal die Rede davon, daß Papst Paul VI. beabsichtigte, sich nach Moskau zu begeben, um angeblich die Aussöhnung der Ostkirche mit Rom herbeizuführen.

Conchita soll mehrfach geäußert haben, daß das Wunder zwischen den Monaten Februar und Juli, und in diesen Monaten wiederum nur zwischen den Tagen 7 und 17 stattfinden wird.«

Zu Marg. Huerta, der Leiterin des Garabandal-Zentrums in Madrid, sagte Conchita: »Das Wunder wird dann kommen, wenn fast niemand mehr daran glaubt.« Darauf Huerta: »Ich werde bis zuletzt daran festhalten.« Doch die Seherin versicherte: »Auch du wirst zweifeln.«

Sinnvollerweise kann sich der Zweifel nur auf die Terminfrage beziehen. Man wird einen scheinbaren Widerspruch feststellen, der darin besteht, daß Conchita wohl den Termin »verschleiert« ankündigt, obschon das Fest St. Hermenegild am 13. April gefeiert wird. Die Rechnung geht also nicht glatt auf, wie man bisher annahm. Es liegt ein gewisser Schleier über dem Termin, der wohl notwendig ist, denn sonst würde sich die halbe Welt am Ort des Wunders einfinden wollen.

Der Schlüssel zur Lösung des Problems liegt meines Erachtens in dem Satz, den Conchita einmal sagte: »Es kann sein, daß der Tag des Wunders nicht mit dem im Wunderjahr gefeierten Tag des Heiligen zusammenfällt — dann nämlich, wenn sein Festtag beweglich ist.«

(H. R. Jansen)

Im übrigen mag uns ein Satz Conchitas als Weisung gedienen, den sie in einem Brief vom 23. Januar 1974 geschrieben hat: »Die im Umlauf befindlichen Daten sind eine Falle des Teufels zur Täuschung der Menschen. Glaubt Ihr an Garabandal, so glaubt auch, daß die Leute erst acht Tage vor dem Wunder das Datum kennen werden.' Da GOTT Wunder wirken kann, so kann er es auch machen, daß alle, die dem Ruf folgen, rechtzeitig nach Garabandal kommen, so weit und schwer es auch sei.'«

Es ist nicht unbedingt notwendig, den Tag zu wissen; entscheidend ist das Bereitsein(!).
Mit vorstehenden Überlegungen ist folgendem Rechnung getragen:

1) Es gibt keine absolute Sicherheit in der Terminfrage, allenfalls hohe Wahrscheinlichkeit.
2) Die Vorsehung läßt uns über das wichtigste Ereignis der Zukunft nicht ganz im dunkeln, sondern gibt uns einleuchtende Fixpunkte, an denen wir unsere christliche Hoffnung aufrecht erhalten können.
3) Wachsame werden von den Ereignissen keinesfalls überrollt, sondern können sich — meines Erachtens allerdings nicht mehr lange — darauf vorbereiten und noch Verdienste sammeln.
4) Die Gedankenlosen werden nach und nach die Verheißung vergessen und sich der so großen Gnade unwürdig machen. Der Teufel sät — wie immer — Unkraut auf den Acker der Un- und Schwachgläubigen.

Wachet, denn ihr wißt weder den Tag noch die Stunde.
(Mt. 25,19)

Irrtümliche Voraussagen

Jeder denkende Christ beschäftigt sich mit der Frage, wann endlich der vom Herrn versprochene Friede kommen wird, da der Fürst dieser Welt stufenweise seiner Gewaltherrschaft entkleidet wird. Schon die

Apostel waren lebhaft an dieser Frage nach der Aufrichtung des GOTTESreiches interessiert. Jesus hatte ihre Sehnsucht durch zahlreiche Predigten geweckt und ihre Neugier nach dem »Termin« keineswegs gerügt.

Im Verlauf der Kirchengeschichte gab es diesbezüglich viele Voraussagen von Heiligen und Theologen. Wir wissen z. B. schon von den Märtyrern zu Lyon, aus dem 2. Jahrhundert, von entsprechenden Prophezeiungen. Im Jahr 404 schrieb St. Hieronymus, der Antichrist stehe kurz bevor. Gregor der Große verkündete für seine Zeit, Anfang des 7. Jahrhunderts, zuversichtlich den Eintritt der letzten Dinge. Um 1000 häuften sich derartige Befürchtungen des nahen Endes in ganz besonderem Ausmaße. Im 12. Jahrhundert versicherte der Gründer der Prämonstratenser, St. Norbert, zu wissen, der Antichrist sei bereits geboren. Das berichtete uns der hl. Bernhard v. Clairvaux, ep. 56. Im Jahr 1412 schrieb der berühmte Dominikanerheilige Vinzenz Ferrerius in einem Brief an den Papst von der stattgefundenen Geburt des Antichrist. Mit seinen apokalyptischen Bußpredigten und Wundern bekehrte er an die 25.000 Juden und 8000 Mohammedaner. Wir erkennen an diesem Beispiel wie segensreich sich unfreiwillige Irrtümer auswirken können. Zur Zeit des 30jährigen Krieges machten die Flugblätter Holzhausers mit seinen Prophezeiungen ungeheures Aufsehen. Indes hat er sich »verrechnet«.

Vor hundert Jahren haben die Franzosen Leon Bloy und Ernst Hello durch ihre apokalyptische Begeisterung von sich reden gemacht. Wieviele Menschen sind durch dieselben bekehrt worden, u. a. der Philosoph Martain.

Bloys Tagebuch berichtet, eine Begnadete habe ihm ein Geheimnis geoffenbart, das er nie enthüllen dürfe (und auch zu seinen Lebzeiten nie enthüllt hat, nicht einmal seiner Frau). »In der Karwoche wird es geschehen«, schreibt er. »Wenn nicht, sei es ein Betrug, wie noch nie eine Kreatur GOTTES betrogen wurde.« Doch nichts geschah. Bis drei Tage vor seinem Tod hatte Bloy noch fest an eine verspätete Erfüllung des Geheimnisses geglaubt. Die Prophetin hatte geweissagt, Jesus werde vom »Schandmal seiner Erniedrigung herabsteigen«.

Hello und Bloy seien auserwählt, die »neue Herrschaft des Heiligen Geistes« zu fundieren. — Ernst Hello, der Pfarrer von Ars nannte ihn »Genie von GOTTES Gnaden«, erhielt von einem Maroniten die Offenbarung, er sei dazu ausersehen, GOTT die bekehrte Welt zu Füßen zu legen. Er glaubte ebenso daran wie seine Gattin.

Das ist nur eine kleine Auswahl von Beispielen, die zeigen, wie im Laufe der Zeit auch hochbegabte Menschen immer wieder glaubten, jetzt endlich müsse es so weit sein. Natürlich wäre es überaus dumm, wollte man all diese Geistesmänner ob ihrer Leichtgläubigkeit belächeln oder etwa die Schlußfolgerung ziehen: nie wieder eine Voraussage!, da man sich doch nur »blamiert«. Was die Welt als Schande und Niederlage ansieht, ist aber unter dem Gesichtspunkt der Ewigkeit oft hohe Tugend. GOTT belohnt auch Irrtümer, wenn sie gutwillig ausgesprochen werden. Sie sind auch ein wertvolles Mittel für die Demut. Vielleicht ließ die Vorsehung die zahlreichen Verrechnungen zu, um das Verdienst derer zu steigern, die all diesen scheinbaren »Pleiten« zum Trotz weiterhin ein Zukunftslicht christlicher Hoffnung anzünden, wohlgemerkt mit vernünftigen Argumenten, um so die Verzweifelnden wirksam zu trösten.

Es vollzieht sich nun gewissermaßen ein Ausleseprozeß, da viele jetzt »nicht mehr mitmachen«. Aber gerade das wäre das **Verkehrteste,** was man tun kann.

Denn je mehr die Zeit fortschreitet, je mehr die Verworrenheit und Ratlosigkeit auch der sog. »Guten« zunimmt, desto berechtigter wird unsere Hoffnung. Denn einmal **müssen** die Dinge ja kommen. **Noch nie** waren denn auch die Voraussagen der hl. Jungfrau so detailliert, daß sogar die genaue Uhrzeit (20.30) genannt wurde, und der Donnerstag. Noch nie waren diese speziellen Prophezeiungen Mariens mit so vielen (tausenden) Wundern begleitet, die zahlreiche Menschen anschauen konnten. Noch nie hat sich die Presse der halben Welt so viel mit marianischer Weissagung befaßt wie seinerzeit im Fall Garabandal. Zahllose Fotos wurden von den Augenzeugen jener phänomenalen Ereignisse gemacht; das Fernsehen berichtete ebenso davon. Auch das (mutmaßliche) Gottesgericht über den damaligen Bischof von Santander spricht eine deutliche Sprache (siehe Beitrag: »Die Antwort des Himmels«). GOTT hat also seinerseits alles getan, so daß es für ein »Schlafen« keine Entschuldigung gibt. Das Gleichnis von den törichten und den klugen Jungfrauen paßte wohl noch nie so treffend in die Situation wie heute.

So haben viele Voraussetzungen mitgewirkt, daß nun endlich die Erfüllung in greifbarer Nähe erscheint.

Im April 1972 konzentrierte sich eine Menge endzeitlicher Aussagen wie in einem Brennpunkt, so daß manche fest an eine Erfüllung glaubten. Auch Zeitschriften wie »Einsicht« und »Schwarzer Brief« hielten es für richtig, die Leser darauf aufmerksam zu machen. Aber dieser Termin war ebenso unzutreffend wie frühere Prognosen.

Wenn es nun nutzlos wäre, sich weiterhin über den Eintritt des großen Geschehens Gedanken zu machen, warum hat dann Maria überhaupt die präzisen Angaben gemacht, und wieso hat dann die Visionärin uns zusätzliche Hilfestellung gegeben? Um uns diese angeblich nutzlose Gedankenarbeit zu ersparen, hätte Maria doch sagen können: »Wartet nur ab, bis der Himmel oder die Begnadete euch ruft! Basta.«

Aber nein, Maria sagte etliches mehr, damit verdienstliches Suchen ermöglicht werde, damit über die geheimnisvollen, höchst sinnvollen Ratschlüsse GOTTES nachgedacht werde. Auch hier soll es sich erweisen: wer sucht, der findet. Schließlich geht es doch um unser aller Heil. Dürfte sich da unser Eifer mit der bloßen Erklärung zufrieden geben: »Mal abwarten«?

Immer wieder zeigt die Erfahrung, schläfrige Katholiken suchen nicht, finden nicht, haben kein Gespür für Zusammenhänge, sehen vor lauter Bäumen den Wald nicht oder halten sich mit Belanglosigkeiten auf, die mit dem Reich GOTTES nichts zu tun haben, mit puren Äußerlichkeiten betreffend Garabandal. Sie tappen im dunklen, wo es um das wichtigste Ereignis der Zukunft geht. Das ist sehr beklagenswert.«

(Josef R. Jansen)

13. April
Der heilige Hermenegild, König und Märtyrer
† 586

Der westgotische König Leovigild, ein Arianer, regierte seit 569 zu Toledo in Spanien sein Volk mit Weisheit und Kraft. Seine katholische Gemahlin Theodosia, die Schwester des hl. Leander (27. Februar) und des hl. Isidor (4. April), beschenkte ihn mit zwei Prinzen: Hermenegild und Reccared, denen sie — ungeachtet ihrer arianischen Taufe — eine lebhafte Zuneigung für den katholischen Glauben einpflanzte. Allzu früh riß der Tod die edle Königin von ihren Söhnen fort, und

Leovigild säumte nicht, ihnen eine zweite Mutter zu geben in Goswinda, welche an Leib und Seele gleich häßlich, über alle Maßen stolz und ehrgeizig, eine echte Stiefmutter in der schlimmsten Bedeutung des Wortes war.

Bei seinen Lebzeiten noch teilte der Vater die Herrschaft unter seine Söhne auf; dem älteren Hermenegild gab er die Krone von Sevilla, den jüngeren Reccared behielt er als Mitregenten in Toledo. Hermenegild vermählte er aus politischen Gründen mit der fränkischen Königstochter Ingonda, die er, da sie eine Katholikin war, mit leichter Mühe für den Arianismus zu gewinnen hoffte. Als die Braut mit großem und glänzendem Gefolge nach Spanien zog, legte ihr der fromme Bischof Fronimius mit tiefer Rührung die schweren Pflichten als Gattin ans Herz. Goswinda, die lebhaft nach der traurigen Ehre trachtete, Ingonda zum Abfall von dem allein wahren katholischen Glauben zu bewegen, heuchelte ihr innige Freundschaft und mütterliche Sorge für ihr Seelenheil vor, predigte ihr mit erkünstelter Begeisterung von der Wahrheit und Schönheit des Arianismus und ließ kein Mittel unversucht, ihren katholischen Glauben abzuschwächen und zu verdächtigen. Allein Ingonda, von der Gnade GOTTES erleuchtet, durchschaute diesen teuflischen Plan, suchte und fand im demütigen Gebete göttlichen Beistand und Trost.

Goswinda, die Erfolglosigkeit ihrer feinen Kunst einsehend und in ihrem stolzen Ehrgeiz gekränkt, wollte nun mit Gewalt erzwingen, was sie durch Heuchelei nicht erreicht hatte; sie fügte der frommen Schwiegertochter alle erdenklichen Kränkungen zu durch Spott, Hohn, Verachtung und Mißhandlung, und sie stürzte sie sogar einmal mit ihren eigenen Händen ins Wasser, damit sie ertrinken sollte. Allein — gerade die raffinierte Grausamkeit dieser Frau diente der göttlichen Weisheit als Mittel, beide Prinzen in die katholische Kirche zurückzuführen und durch sie den Arianismus im ganzen Reiche zu vertilgen. Denn Ingonda ertrug alle diese Leiden mit solcher Geduld und Sanftmut und leuchtete am königlichen Hofe in solchem Tugendglanze, daß Hermenegild seine teure Gemahlin mitleidvoll bewunderte und den katholischen Glauben hochschätzte, der seinen Bekennern eine so erhabene Seelenstärke verleiht. Der nächste Schritt war, daß er diesen Glauben näher kennenzulernen wünschte. Ingonda, die schon lange ihr heißes Gebet und ihre Leiden der göttlichen Barmherzigkeit für die Bekehrung ihres Gemahls aufgeopfert hatte, wußte es klug einzuleiten, daß Hermenegild mit seinem Onkel, dem hl. Leander, Bischof in Sevilla, in Berührung kam und von dessen erleuchteter Weisheit bald für die katholische Religion gewonnen war. —

Als Leovigild den Übertritt seines Sohnes zur katholischen Kirche vernahm, verwandelte sich sein Vaterherz in das eines Tigers. Sogleich erklärte er ihn des Königstitels verlustig und drohte, sein Leben nicht zu schonen, falls er nicht wieder Arianer werde. Zur Bekräftigung seiner Drohung begann er eine wütende Verfolgung der Katholiken: Er verhaftete, verbrannte, tötete Bischöfe und Priester und zog die Kirchengüter ein. Hermenegild, im rechtlichen Bewußtsein, daß er unabhängiger Fürst sei, rüstete sich zum Widerstande. Leovigild belagerte ihn mit Heeresmacht ein ganzes Jahr in Sevilla. Hermenegild mußte der Übermacht weichen und entfloh nach Cordoba unter den Schutz der Römer, welche in Spanien noch einige Festungen besaßen. Allein der blutdürstige Vater wußte die Römer zu bestechen; der Sohn konnte nur durch schnelle Flucht sich ihrem Verrate entziehen und schloß sich mit dreihundert Getreuen in eine Festung beim Städtchen Osseto ein. Leovigild eilte ihm nach, erstürmte die Stadt und verbrannte sie. Hermenegild floh in die Kirche und erwartete am Fuße des Altars das Urteil des Siegers. Leovigild wollte ihn nicht mit Gewalt aus diesem heiligen Orte herausreißen, sondern ließ ihm durch den jüngeren Sohn die eidliche Zusage geben, daß er ihm alles verzeihen wolle, wenn er freiwillig zu ihm komme und um Gnade bitte. Hermenegild, der Aufrichtigkeit des Vaters trauend, verließ die Kirche, warf sich zu seinen Füßen und bat um väterliche Schonung. Leovigild legte nun seine Larve ab, riß seinem Sohne allen königlichen Schmuck vom Leibe, belastete ihn mit schweren Ketten und wies ihm höhnisch einen festen Turm in Sevilla an zum Nachdenken über seine religiösen Frevel und zur Abbüßung derselben.

Dieses dunkle Gefängnis erleuchtete Hermenegild mit wunderbarer Seelengröße. Geduldig wie ein Lamm ertrug er die unsäglichen Leiden und vermehrte dieselben noch durch freiwillige Abtötungen. Tag und Nacht betete er zu GOTT um die Gnade der Beharrlichkeit im Glauben und im Leiden für die heilige Kirche. Leovigild erschöpfte alle Mittel, um ihn teils durch Versprechungen, teils durch Mißhandlungen zum Abfall zu bringen. Hermenegild jedoch erwiderte nur mit der rührenden Erklärung: »Ich bekenne, o Vater und König, daß deine Güte gegen mich sehr groß gewesen ist; deswegen werde ich auch bis zum letzten Atemzuge die Ehrfurcht und Liebe, die ich dir schuldig bin, nie vergessen. Aber kannst du von mir verlangen, daß ich eine vergängliche Größe meinem ewigen Seelenheile vorziehe? Nein, um diesen Preis mag ich keine Krone; eher als daß ich die Wahrheit verleugne, bin ich bereit, alles — selbst mein Leben — hinzugeben.«

Leovigild benützte das heilige Osterfest, um das Herz des Sohnes zu gewinnen, und er schickte einen arianischen Bischof zu ihm in den Kerker mit dem

Auftrage, ihm die Kommunion und mit ihr — zum letzten Male — die Begnadigung anzubieten. Hermenegild wies mit Abscheu den pharisäischen Versucher zurück: »Sehr leicht ist der Verlust eines zeitlichen Reiches zu verschmerzen, wenn man dafür ein himmlisches und ewiges zu hoffen hat. Niemals werde ich aus der Hand eines Ketzers die heilige Kommunion empfangen und mich mit dem Scheine beflecken, als ob ich mit ihm in religiöser Gemeinschaft stehe. Schäme dich, daß du dir erlaubst, in bischöflichem Gewande die heilige Kirche GOTTES zu verfolgen und das arme Volk ins ewige Verderben zu führen.«

Der abgewiesene Bischof ging rachedürstend zum König und hetzte mit giftiger Klage dessen Gemüt so in Wut, daß er beschloß, seinen Haß gegen die katholische Kirche im Blute des eigenen Kindes zu kühlen, und sogleich die Henker ins Gefängnis schickte, den Sohn zu töten. Hermenegild empfing ohne alle Widerrede das väterliche Todesurteil und beugte mit freudiger Opferwilligkeit das junge Haupt, welches ein Henker mit dem Beile spaltete. Dies geschah am Karfreitag 586. Sein hl. Leib wird in der Kirche zu Sevilla verehrt.

Das Blut des heiligen Sohnes weckte das Gewissen des gottlosen Vaters. Angst und Reue peinigten ihn bis zur Todesstunde. Auf dem Sterbebett bat Leovigild den hl. Leander, daß er den jüngsten Sohn Reccared im katholischen Glauben unterrichte; er selbst aber verharrte nach dem schrecklichen Urteil GOTTES in der Ketzerei, obschon er deren Lügenhaftigkeit erkannte. Reccared und mit ihm das ganze Volk kehrte in die Mutterarme der katholischen Kirche zurück. Dies schreibt Gregor von Tours dem Märtyrertode und der Fürbitte des hl. Hermenegild zu mit den Worten: »Hätte Hermenegild sein Blut für die Wahrheit nicht vergossen, so hätte dieses Königreich die Gnade der Wahrheit nie mehr empfangen. Das aber geschah nach der Verheißung Jesu: Wenn das Weizenkorn nicht in die Erde fällt und stirbt, so bleibt es allein; wenn es aber stirbt, so bringt es viele Frucht. (Joh. 12, 24-25)

Bekannt ist, daß dies am Heilande, unserem Haupte, sich erfüllt hat. Eine gleiche Wirkung sehen wir auch in seinen Gliedern. Einer aus dem westgotischen Volke starb, auf daß viele zum Leben kamen; ein Samenkorn fiel in die Erde, und eine so reiche Seelenernte sproßte daraus hervor.«

(Verfasser unbekannt)

Hl. Hermenegild im Kerker in Sevilla

Wie es in den Botschaften vom 29. Juli 1961 und vom 18. Juni 1965 heißt, wünscht die Muttergottes u. a. auch besonders den fleißigen Besuch des Allerheiligsten.

Um den Lesern die Erfüllung dieses Wunsches zu erleichtern bzw. fruchtbringender zu gestalten, folgt ein ausführlicher, sehr sachlicher Beitrag über die Heilige Messe und das Altarssakrament.

Der Glaube an das Heiligste Sakrament des Altares in seiner Geschichte und Wahrheit

Die hl. Messe, der unendliche Reichtum der katholischen Kirche seit fast zwei Jahrtausenden, ist wieder in größter Bedrängnis. Ein bekannter Kirchenfürst schrieb vor einigen Jahren in einer Zeitung: Wenn bei Austeilung der hl. Kommunion ein Teilchen zu Boden falle, brauche man keine Verunehrung zu fürchten; denn dann ziehe Christus sich zurück. Eine solche Belehrung gilt nicht, da sie den Gegebenheiten nicht entspricht. So etwas kann nur die Irrlehre erklären. Der Protestantismus sagt: »Wenn du glaubst, ist Christus im Brote zugegen, wobei aber das Brot in seiner Substanz nicht berührt wird.«

Der katholische Glaube jedoch lautet: Bei der Wandlung der hl. Messe verschwindet die Substanz des Brotes und gibt Platz für Jesus Christus mit Menschheit und Gottheit; nur die Gestalten von Brot und Wein bleiben.

Ein anderer Bischof nennt die hl. Messe nur ein Mahl. Eine solche Behauptung steht im Widerspruch zu dem klaren Bericht der hl. Schrift. Der Evangelist und anerkannte Geschichtsschreiber Lukas läßt sich da vernehmen! Nachdem er ausführlich über das bei den Juden gebräuchliche Ostermahl erzählt hat, fährt er fort: ». . . Ebenso nahm er **nach dem Mahle** den Kelch und sprach ...« (Lukas 22, 19-20) Hier ist also ausdrücklich Mahl und Opfer auseinandergehalten.

Es ist verständlich, daß in einer Wohlstandszeit das Gespür für die heiligsten Geheimnisse nachläßt. Jesus hat beim Abschied von den Aposteln sich selbst in Brotsgestalt in den Mund der Apostel gelegt. Seine Nachfolger haben diese Handhabung beibehalten. Der Diakon Tharzisius in Rom trug in der Zeit der Christenverfolgungen die hl. Hostie in ein Tuch gewickelt zu den Kranken. Dabei wurde er vom heidnischen Pöbel überfallen und erschlagen, nachdem er das Allerheiligste noch zu sich genommen hatte.
(S. Kirchenlexikon von Buchberger, IX S. 999)

Diese Ehrfurcht führte von selbst zur Geheimdisziplin (Arkandisziplin) der ersten Jahrhunderte. Um das Allerheiligste auszudrücken, gebrauchte man Symbole — sie sind heute noch in den Katakomben zu sehen — wie Fisch, Anker, Schiff, Taube, Lamm, Brotkorb u. a. Dazu hatte der Herr selber angeleitet, wenn er sagte: »Werft eure Perlen nicht den Schweinen vor!« (Mt. 7, 67)

Die Arkandisziplin hielt sich bis ins 5. Jahrhundert.

Im späteren kirchlichen Schrifttum über die hl. Eucharistie, angefangen von Paschasius Radbertus (786—860) bis Thomas von Aquin und Bonaventura, beschäftigte man sich vorwiegend mit der Erscheinungsweise des Herrn im hl. Sakramente. Man hatte sich daran gewöhnt, ihn sich so vorzustellen, wie er in der Schrift redete, ging und wirkte. So kam es mehrmals vor, daß einem Priester die hl. Hostie bei der Austeilung zu Boden fiel. Das gab einen großen Schrecken; der Priester wurde schwer bestraft. In der Auswertung jedoch des Begriffes transsubstantiatio (Wesensverwandlung), den die Scholastik schon früh sich aneignete und der auch von der offiziellen Kirche im 4. Laterankonzil (1215) übernommen wurde, kam man in der Hochscholastik zur abschließenden Erkenntnis, daß Christus in **dem** Zustande im Sakrament zugegen ist, wie er sich nach der Auferstehung zeigte und wie er im Himmel und an allen Orten ist, also verklärt.

So war der wahre Glaube der Kirche in jeder Hinsicht festgestellt. Erst im 11. Jahrhundert erhob sich dagegen eine kräftige Irrlehre unter dem Domherrn von Tours — Berengar. Scharf angegriffen und wiederholt auf Synoden verurteilt, widerrief er wieder und verteidigte den Irrtum, bis ihn Papst Gregor VII. bleibend für die Wahrheit gewann. Er zog sich dann auf eine Insel in der Loire zurück, wo er in strenger Askese lebte und — bei vielen im Rufe der Heiligkeit stehend — 1088 starb. Seine zeitweiligen Irrlehren, daß eine Wesensverwandlung in der hl. Messe nicht stattfinde, sondern die Gestalten von Brot und Wein durch die Konsekration nur eine höhere Wirkung erhielten, so daß deren Genuß des verklärten Leibes Christi teilhaftig mache, trugen viel dazu bei, die richtigen Erkenntnisse um das heiligste Sakrament zu vertiefen. Die Hochscholastik unter dem Franziskaner Bonaventura und dem Dominikaner Thomas von Aquin gaben den erlangten Erkenntnissen eine einmalige theologisch-wissenschaftliche Form, die bis heute noch anerkannt ist.

Erst nach beinahe 300 Jahren meldete sich wieder ein wuchtiger Angriff gegen das heiligste Sakrament. Der Prior der Augustiner von Wittenberg — Martin Luther — verwarf entscheidende Lehren der bisherigen Kirche, die immerhin schon 1500 Jahre bestand. Das heiligste Sakrament des Altares lehnte er im Kern ab und gebrauchte gegen die hl. Messe unflätige Worte. Es gelang ihm, eine große Anhängerschaft zu gewinnen, nicht nur in Deutschland, sondern auch in anderen Ländern, besonders in England. Ein Schüler Luthers namens John Knox protestantisierte Schottland. Einmal predigte er vor einer versammelten Volksmenge: »Ich möchte lieber 10.000 Feinde in Schottland landen sehen, als die Abhaltung einer einzigen Messe gewähren.«

Nun sah sich die Kirche veranlaßt, den Glauben an die hl. Eucharistie in klaren Sätzen festzulegen. Dies geschah auf dem Konzil von Trient (1545-1563). In der Folgezeit, auch in der französischen Revolution, die sogar Märtyrer der tridentinischen Messe erlebte, blieb die Kirche geschlossen dem Tridentinum treu. Die für ewige Zeiten das hl. Meßopfer regelnden unfehlbaren Lehrsätze lauten:

»Wenn jemand sagt, in der Messe werde GOTT nicht ein wahres und eigentliches Opfer dargebracht oder daß nichts anderes dargebracht wird, als daß uns Christus zu essen gegeben werde, der sei aus der Kirche ausgeschlossen.« (Denzinger, Enchiridion 948 can. 1)

»Wenn jemand sagt, der Ritus der Römischen Kirche, nach dem ein Teil des Kanons mit leiser Stimme wie auch die Worte der Konsekration gesprochen werden, sei zu verurteilen; oder die Messe dürfe nur in der Volkssprache gefeiert werden, der sei aus der Kirche ausgeschlossen.« (Denzinger, Enchiridion 956 can. 9)

Ausführlicher noch als es im Glaubenssatze möglich ist, lehrt das Konzil von Trient, daß das hl. Meßopfer die unblutige Erneuerung des Kreuzesopfers ist: Dieses sei in Wahrheit ein Sühneopfer; denn durch dasselbe gewähre GOTT Gnade und Bußgesinnung und den Nachlaß auch der schwersten Vergehen. Es sei nämlich dasselbe Opfer und derselbe Opferpriester zugegen, Jesus Christus, der Opfer und Opferpriester zugleich ist. Der Priester ist nur Werkzeug. (Denzinger, Enchiridion 940)

Gemäß dieser felsenfesten Stellung der hl. Messe im Glauben der Kirche (s. Dr. Kl. Gamber: »Hat ein Papst das Recht, den Ritus grundlegend zu ändern?« Ave Kurier, Nr. 5, 1977) seit mehr als einem Jahrtausend haben wir heute folgende Meßordnung:

Der erbsündlichen Veranlagung eines jeden Menschen entsprechend — die Mutter des Herrn ausgenommen — beginnt der Priester vor den Stufen des Altares mit den Gebeten der Reue und des Gottvertrauens. Hierauf folgen Lesungen aus der hl. Schrift, der Grundlage unseres Glaubens, die an festlichen Tagen mit dem Glaubensbekenntnis des Konzils von Nizäa abschließen.

Nun beginnt der Priester nicht die Gabenbereitung, die in den meisten Fällen den Priester nichts kostet, sondern mit der Opferung Christi auf dem Ölberg, wo seine Menschheit sich sträubte gegen die unendliche Last der Sünden und Leiden, die er sühnend auf sich nehmen sollte. Der Widerstand des menschlichen Willens gegen den göttlichen war so groß, daß die dreimalige Unterwerfung dem hl. Haupte Blut erpreßte. Ähnlich müssen auch alle Meßteilnehmer ihren sündhaften Willen dem göttlichen Wollen völlig unterstellen. Was nun folgte, forderte beim Herrn keine neue Willensentscheidung, mochten die Leiden auch noch so schmerzlich sein, sondern Treue, die bei ihm selbstverständlich war. Ähnlich soll sie auch bei der Opfergemeinde sein. Die Präfation, ein freudiger Lobgesang, drückt die Herzensstimmung der Opfernden aus. Was nun im zweiten Teil der hl. Messe folgt, ist heiligstes Geheimnis wie auch die Menschwerdung des Sohnes GOTTES, sein Leben und Kreuzessterben, das hier unblutigerweise erneuert wird.

Das anschließende Vaterunser ist ein Dank an den Vater, der mit dem Heiligen Geiste seinen Sohn geopfert hat — in unendlicher Liebe. Gottesliebe soll bei

Teilnahme an diesem hl. Geheimnis entzündet und vermehrt werden. Mit den Worten des Täufers Johannes, der beim ersten Zusammentreffen mit Jesus diesen in heiliger Schau am Kreuze vorstellte: »Sehet das Lamm GOTTES ...« Wie ein Lamm mit vier Gliedern an ein Holz genagelt wird, um geschlachtet zu werden, so sah Johannes Jesus am Holz des Kreuzes an allen vier Gliedern hängend, um für die Sünden der Menschen zu büßen. Die nun nochmals verstärkte Liebe zu Christus führt zur Liebesvereinigung im dritten Teil der hl. Messe. Sie ist kein Mahl, da ja kein Gastgeber am Tische sitzt, sondern eine wahre Herzensverbindung, wie sie der hl. Paulus ausdrückt mit den Worten: »Ich lebe, aber doch nicht ich lebe, sondern Christus lebt in mir.« (Gal. 2, 20)

Das heilige Geschehen schließt ab mit einem Dankgebet an den allgütigen GOTT (zumeist in Verbindung mit dem Tages-Heiligen), mit dem Segen des Priesters und der Entlassung der Meßgemeinschaft. Das letzte Evangelium des Liebesjüngers Johannes bringt in einer überaus tiefen Schau das Wirken GOTTES für die Menschen zur Darstellung, angefangen von der Erschaffung der Welt und der Verfinsterung der Menschen durch die Sünde bis zur Menschwerdung des Gottessohnes und der Rettung der Menschen, die bereit sind zur Aufnahme von Gnade und Wahrheit. —

Nachstehend geben wir die Übersetzung des Briefes wieder, den Conchita den jungen Leuten — für den »Aufruf der Pinienwälder« im Oktober 1970 — am Ende ihres Lagers in Garabandal gegeben hat (17.—25. Aug. 1970). Sie erteilt darin einsichtsvolle Ratschläge, und in ihm kommt der wahre Geist zutage, in dem wir uns auf die Warnung vorbereiten sollen, durch eifriges Verbreiten der Botschaft.

†

AVE MARIA

Garabandal, 24. 8. 1970

»Liebe junge Franzosen (und alle anderen jungen Menschen — *Anm. des Verfassers),* die Gottesmutter möchte, daß Ihr IHR helft, die Welt zu bekehren und den Zorn GOTTES, der über uns Sündern lastet, zu vermeiden. Sie vertraut sich Euch an, damit Ihr *durch Euer gutes Beispiel und Euren Verzicht ein Vorbild für die anderen Jugendlichen seid,* denen nicht die Gnade zuteil wurde, diese Botschaften zu hören.

Sie verlangt von Euch die *richtige Einstellung zu Buße, Opfer und Gebet. Ohne diese Waffen können wir nichts erreichen. Wir haben nicht mehr viel Zeit,* aber sie genügt, um die große Züchtigung zu vermeiden und das geheiligte Herz unserer Gottesmutter zufriedenzustellen.

Im heiligen Sakrament werdet Ihr genügend Kraft finden, um dieses Leben zu beginnen, das die heilige Gottesmutter von Euch fordert. *Besucht oft das heilige Meßopfer. Laßt alle weltlichen Dinge beiseite, die Euch daran hindern, GOTT zu hören.*

Wenn Ihr so handelt, werdet Ihr am Beginn eines glücklichen Lebens stehen, denn das Glück, das Ihr niemals empfunden habt, wird Euch gegeben, wenn Ihr Euch GOTT und der Gottesmutter hingebt.

Betet einer für den anderen, für Euch selbst, bittet die Gottesmutter. Bittet Sie *mit Glauben und Vertrauen.* Sie wird Euch alles geben, was gut für Euch ist.

Und nun bitte ich (Conchita) Euch, für mich und meine Freundinnen zu beten, damit wir demütig sind, damit wir genügend Opfergeist haben, und damit wir alle immer mehr an die Passion denken, um uns schließlich selbst zu vergessen.

Vereint im Gebet, damit wir uns eines Tages alle im Himmel wieder vereinen können für immer, um dort in aller Ewigkeit glücklich zu sein,

Conchita«

(Von Karl Allesch, Wien)

Rundbrief Conchitas vom 1. Januar 1971

Ave Maria

Garabandal, 20. 1. 1971

Liebe Mithelfer der heiligsten Jungfrau,

bin im Bilde über die vielen, vielen Schwierigkeiten, denen Ihr begegnet bei der Verbreitung Ihrer Botschaft, einer Botschaft des Heils.

Mit diesen Zeilen möchte ich Euch ermutigen, darin fortzufahren, sei es durch das Beispiel Eures Lebens, sei es dadurch, daß Ihr die Botschaft überallhin bringt.

Was Ihr für die heiligste Jungfrau getan habt (ob Ihr nun an die Erscheinungen glaubt oder nicht), war Arbeit zur Ehre und Verherrlichung GOTTES, um viele Seelen zu bekehren und zu retten. Oft habt Ihr, mit der Gnade der Gottesmutter, die guten Früchte Euerer Arbeit reifen sehen: ein Zeichen dafür, daß GOTT Eurem Tun und Wollen beisteht.

Laßt Euch in Eurer Tätigkeit nie beeinflussen durch kirchliche Noten und Verbote. Seid aber immer den Befehlen des Heiligen Vaters und Eurer Obrigkeit gehorsam. Denn gehorsam und demütig sein hilft der Jungfrau Seelen retten. Denkt daran: Wenn es von GOTT ist, wird Er in bestmöglicher Weise Licht in alles bringen, trotz der Schwierigkeiten. GOTT ist es, der a l l e s tut — manchmal durch uns, doch kann Er unser auch entbehren, um große Wunder zu vollbringen.

Was aber wir tun müssen, ist, Opfer bringen, beständig sein im inneren Gebet und Beten des Rosenkranzes, im häufigen Besuch des Allerheiligsten. Vergeßt täglich Euch selbst und die Welt, um nur bei GOTT zu sein. Er möchte mit Euch sprechen, Euch sagen, welchem Weg Ihr folgen müßt, was Ihr tun sollt. Ruft oft den Heiligen Geist und Sankt Michael an.

In Gebetsvereinigung:

gez. Conchita González
(Irmgard Hausmann, S. 190)

Spontane Aussagen von Conchita González auf Bitte einer Pilgergruppe vom 7. 8. 1971 in San Sebastian de Garabandal, die auch auf Tonband aufgenommen wurde.

»Mit großer Freude tue ich dies für alle diejenigen, die für die Gottesmutter arbeiten. Ich mache dies daher sehr gerne; denn ich glaube und will, daß dadurch unsere Gottesmutter verehrt wird und viele Seelen gerettet werden.

Ich will allen sagen, daß das Wichtigste von Garabandal die erhaltenen Botschaften sind, d. h. die Aufforderung zum Opfer, zum Gebet und Sühne zu tun und vor allem zum steten Besuch bei unserem Herrn am Altar. Daher will ich nichts weiteres sagen und nur wiederholen, daß es absolut notwendig ist, diese zu erfüllen.

Wir stehen vor den letzten Botschaften und in den letzten Momenten. Gott hat uns das **Letzte** schon vorbereitet und sogar die Strafe. Es ist absolut notwendig, daß die Strafe kommen muß; denn durch das Wunder allein ändern sich die Menschen nicht. Wir werden uns wohl nach dem Wunder vorübergehend ändern, fallen aber wieder ab. Daher sollen alle, die diese Worte hören und die in unserer Nähe stehen, und jene, die wir verständigen können, ihr Leben ändern. **Betet stets, man soll jeden Tag und jeden Augenblick im Gebet stehen. Das Gebet besteht darin, den Herrn dauernd zu loben in unserer Arbeit und IHM alles anzubieten. Alles, was täglich anfällt, und alle Schwierigkeiten, die wir haben, sollen wir unserem Herrn mit großer Liebe geben, mit Freude. Wir müssen alles für uns, unsere Mitmenschen und unsere Familie tragen, auch für alle, die abfallen — und sie werden fallen — damit sie es wieder gut machen; für alle Sünder, die oft so fern von uns stehen — wir haben sie trotzdem nahe — damit sie nicht in Sünden verfallen.**

Man muß viele Opfer bringen. Man muß Buße tun, man muß unseren Gott auf dem Altar besuchen. Das sollten wir schon aus eigenem Antrieb tun, aus Liebe zu Gott, also aus eigenem Interesse. Darin finden wir unser wirkliches Glück. Wenn wir Opfer bringen und Buße tun und dauernd innigst beten, sind wir in Gottes Nähe und haben somit unsere Glückseligkeit erreicht. Alles Widerliche in unserem Leben nehmen wir mit Freude an; denn wir sind ja bei Gott und mit IHM müssen wir uns glücklich fühlen. Mit Gott gibt es kein Leid, denn das Leiden ist Freude. Wenn wir im Leid bei Gott und seiner Mutter weilen, müssen wir glücklich sein. Geht mit Gott — bleibt bei Gott — denkt an Gott. Das einfachste, um zu Gott zu kommen, ist, die Gottesmutter darum zu bitten, denn sie ist ja auch unsere Mutter. Die Mutter Gottes ist in unserer allernächsten Nähe; die Mutter Gottes hat ja Gott gebeten, nach Garabandal zu kommen. Sie hat ihn gebeten um die letzte Gelegenheit, die uns noch bleibt, und die letzten Worte, die die Gottesmutter an uns in Garabandal richtet; um die letzte Botschaft und Aufforderungen, die wir bekommen, **um das Wunder, um die Strafe zu vermeiden,** jedoch ist es nicht möglich, die-Strafe zu vermeiden; denn wir erkennen ja unsere eigenen Sünden nicht mehr ... **und sind daher so weit gekommen, daß Gott das Strafgericht nicht mehr abwenden kann.** Wir brauchen es für unser eigenes Wohl.

Nach dem Strafgericht werden die, die noch übrig bleiben, sich sehr verändern, und wir werden für Gott leben bis zum Ende der Zeiten, das ja kommt. **Laßt uns viel für die Geistlichkeit beten.** Bei vielen Priestern, die auf Abwege kommen, haben wir oft selbst die Schuld, weil wir nicht genug für sie gebetet haben, weil wir uns nicht genug aufopfern, denn auch wir sollen ein Vorbild für die Priester sein, die der Gottesmutter geweiht sind. Diese Priester, die der Gottesmutter von Anfang an ihr »Ja« geben wollten, um es auch zu halten, haben nicht genügend Kräfte aufwenden können, um ihr Wort zu halten, und haben auch von anderen Mitbrüdern nicht die notwendige Hilfe erhalten.

Wir müssen diesen Priestern helfen, ob sie nah oder fern von uns stehen, damit sie wieder zurückkehren und ihr Amt weiterführen. Bittet auch für uns alle, für uns vier Mädchen, die wir hier sind (1971). Wir sind ja nur Instrumente, aber handeln nicht als wirkliche Instrumente. Bittet den Herrgott, daß wir immer auf dem rechten Weg gehen, bittet Gott, daß wir nie ein Hindernis für die Botschaft sein mögen und daß auch wir als die Ersten die erhaltene Botschaft erfüllen, noch vor der Bekanntmachung. Wir können das tun, denn Gott hat uns dafür besondere Gnaden geschenkt; jedoch wir sind oft nicht demütig genug, und auch die Eitelkeit hat uns oft geschadet. Bittet für uns, denn ihr kennt uns ja; bittet, denn wir brauchen dies sehr.

Ich selbst bitte für alle, die die Botschaft kennen, für alle, die sich für die Botschaft einsetzen, und schließlich für alle Garabandalisten, wenn man sie so nennen kann, aber vor allem für diejenigen, die für die Gottesmutter wirken und Seelen retten.

Nichts weiteres. Im Gebet verbunden und — betet für mich!

Conchita González

Interview (Befragung) einer Zeitung mit der Hauptseherin von Garabandal,

Conchita, verh. Keena

aus Anlaß ihres 25. Geburtstages am 7. Februar 1974 in New York

Das Interview wurde uns übersetzt und zur Verfügung gestellt von H. H. Dr. Paul Egli O. P., der auch das erste Buch über Garabandal von Sanchez-Ventura in die deutsche Sprache übersetzte. Pater Paul ist seither leidend und muß mit seinen Schmerzen mithelfen, daß die Botschaft von Garabandal angenommen und fruchtbar werde. Von 1922 bis 1963 war Pater Paul Egli Missionar in Japan. — Wir bitten um ein Gebetsgedenken für diesen tapferen Priester.

Außer den Herren der Zeitschrift »NEEDLES« waren bei dieser Befragung anwesend der Ehemann Conchitas Patrick und Joey Lomangino, der Blinde. Bevor die Befragung begann, bat Conchita, daß man ein »Ave Maria« bete, denn so sagte sie: »WAS WIR TUN IST FÜR GOTT!«

Frage:

Sind Sie glücklich, in den Vereinigten Staaten zu leben?

Antwort:

»Gewiß, ja, aber es ist doch völlig ohne Bedeutung, ob ich hier oder in Spanien oder in Frankreich lebe.«

»Die Botschaft kann immer und in allen Fällen erfüllt werden, im alltäglichen Leben. Die Opfer im Stande der Ehe sind zwar etwas verschieden von denjenigen eines Ledigen. Aber die Auswirkung für die Seele ist die gleiche. Jeden Tag opfere ich Gott alle kleinen Dinge auf.«

Frage:

Man hat Ihren Mann Pat(rick) gebeten, mit Joey zusammenzuarbeiten, um Vorträge mit Lichtbildern über die Erscheinungen von Garabandal zu halten. Hat er dies Ihretwegen getan?

Antwort:

»Als ich Pat begegnete, wußte ich, daß er ein Freund von Joey war, nicht aber, daß er mit ihm zusammen für Garabandal arbeitete. Wenn ich gewußt hätte, daß sich Pat für Garabandal einsetzte, weiß ich nicht, ob ich innerlich frei gewesen wäre, ihn zu heiraten. Ich hatte immer Angst, daß mich ein Mann wegen Garabandal lieben würde. Als ich Pat begegnete, behandelte er mich immer als Conchita, nicht als Sehermädchen. Ich bin aber glücklich, daß Pat für die Heilige Jungfrau arbeitet.«

Frage:

Jetzt, da Sie Mutter werden, fragen wir Sie, ob Sie schon daran gedacht haben, daß dieses Kind auch das Strafgericht Gottes erleben muß?

Antwort:

»Mein Kind wird nur eines von vielen Kindern dieser Welt sein.«

(Conchita gebar Ende Februar 1974 ein Mädchen, das ihren Vornamen erhielt.)

Frage:

Werden Sie Ihr Kindlein zum Wunder mitnehmen?

Antwort:

»Ich weiß nicht, ob dies möglich sein wird; ich würde es gerne tun, wenn die Umstände es erlauben. Jedoch ist meine Anwesenheit beim Wunder nicht notwendig.«

Frage:

Sie haben gesagt, daß das Wunder von Garabandal mit einem großen kirchlichen Ereignis zusammenfallen werde. Können Sie uns dazu etwas sagen?

Antwort:

»Ja, ich weiß, welches dieses Ereignis ist. Es ist ein in der Kirche einzigartiges Ereignis, das selten vorkommt und sich auch noch nicht ereignet hat, solange ich auf der Welt bin. Es ist weder ein neues Ereignis, noch etwas Wunderbares, sondern nur selten, wie z. B. die Verkündigung eines Dogmas oder etwas Ähnliches, das die ganze Kirche betrifft. Das wird sich am gleichen Tage wie das Wunder ereignen, aber nicht als Folge des Wunders, sondern nur damit zusammentreffen.«

Frage:

Es gibt viele Vermutungen, nach denen das Heilige Jahr 1975 das Jahr des großen kirchlichen Ereignisses und das Jahr des »Großen Wunders« sein wird. Was können Sie uns dazu sagen?

Antwort:

»Ich gebe dazu keinen Kommentar!«

Frage:

Wie werden Sie das Wunder ankündigen?

Antwort:

»Um Mitternacht, acht Tage vor dem Wunder. Ich

werde Joey (der ein ganzes Meldesystem aufgebaut hat), die Radiostationen, das Fernsehen und viele andere Personen in der Welt anrufen, von denen ich weiß, daß sie mir helfen werden, die Nachricht schnell zu verbreiten. Ich bin nicht unruhig. Ich weiß, daß, wenn die Hl. Jungfrau euch dort haben will, ihr auch dort sein werdet.«

Frage:

Joey (der Blinde) hat gesagt, er würde sofort nach der Warnung nach Garabandal gehen. Wissen Sie, wieviel Zeit zwischen Warnung und Wunder sein wird?

Antwort:

»Daß Joey gleich nach der Warnung nach Garabandal gehen wird, ist sehr gut, aber ich weiß nicht, wieviel Zeit zwischen der Warnung und dem Wunder sein wird (vielleicht nur eine kurze).«

Frage:

Was hat die Hl. Jungfrau bezüglich Joey zu Ihnen gesagt?

Antwort:

»Sie hat gesagt, daß Joey im Augenblick des Wunders neue Augen haben wird und daß er auf dauernde Weise sehen wird.«

Frage:

Denken Sie oft an den Heiligen Michael?

Antwort:

»Ich rufe ihn jeden Tag an.«

Frage:

Was sagen Sie zu den gegenwärtigen dämonischen Einflüssen?

Antwort:

»Es ist wahr, daß der Teufel alles tut, um Verwir-

rung zu stiften. Aber es ist nicht gut, von bösen und schlechten Dingen zu reden, wie es die Menschen tun, sonst könnten wir anfangen zu glauben, daß wir schon gut sind. Wir müssen von guten Dingen reden, damit wir ermutigt werden, besser zu arbeiten. Auf diese Weise werden wir nicht stolz.«

Frage:

Was glauben Sie, was den Heiland am meisten beleidigt?

Antwort:

»Die Gleichgültigkeit!« (Der Heiland wartet im Tabernakel auf uns, wir aber kommen nicht, seine Anwesenheit ist uns gleichgültig).

Es wurden Conchita noch viele andere Fragen vorgelegt, von denen die letzte für uns wieder bedeutsam ist.

Frage:

Was würden Sie zum Abschluß dieser Unterredung den Menschen sagen?

Antwort:

»Ich möchte allen das Wort der Jungfrau sagen: ALLES, WAS ANGEKÜNDIGT WURDE, KOMMT BALD!«

DAS GROSSE KIRCHLICHE EREIGNIS!

Man könnte meinen, es sei doch geradezu lächerlich, die Verkündigung eines Dogmas wie das der Mediatrix als ein großes Ereignis zu bezeichnen, wie es im Zusammenhang mit dem »großen Wunder« von Garabandal geschicht. Ein »Ereignis«, deswegen, weil man nun einen Glaubenssatz mehr zu lernen hat, und zu diskutieren? — Was soll denn ein solches Ereignis schon mit dem Leben zu tun haben?

Aber wer so denkt, beweist nur, daß er von der wirklichen Bedeutung eines solchen Satzes, bzw. seiner vollen Entdeckung und weltweiten Verkündigung, keine Ahnung hat!

Was heißt denn das: Maria ist die Mediatrix omnium gratiarum, die Mittlerin aller Gnaden, und was sollte es für die Menschheit schon Besonderes bedeuten, daß dieser Satz nun in einer feierlichen Erklärung als Glaubenslehre verkündet wird?

Scheinbar wenig, in Wirklichkeit aber **ganz gewaltig viel!**

Was bedeutet es denn?

Stellen wir uns einmal vor, die Menschheit stünde vor einer ganz katastrophalen Entscheidung: entweder auswandern auf einen anderen Planeten oder gar ein anderes Sonnensystem, oder zugrunde gehen, wenn nicht ganz neue Überlebensmöglichkeiten entdeckt bzw. erfunden werden. Alles wäre schon voller Angst — da geschähe das Wunder: ein Wissenschaftler erfände tatsächlich das, was im Science-fiction-Roman »Macht über Leben und Tod« als das »Unsterblichkeitsserum« bezeichnet wird, und damit wäre über Nacht alle Angst gewichen, die Ernährungs- und Energieprobleme wären gelöst, und die Menschen könnten wieder für eine Zeitlang aufatmen auf dem alten Planeten, bis wieder neue Möglichkeiten und Erfindungen neue Hoffnungen und Aussichten begründeten.

Der Tag einer solchen Entdeckung und Erfindung wäre also jedesmal ein ganz gewaltiges Ereignis wie die Entdeckung einer Quelle für den verdurstenden Wüstenwanderer, der schon am Ende seiner Kräfte nur mit äußerster Anstrengung sich weiterschleppt.

Die Menschheit steht vor dem Verdursten und Verhungern, in äußerster Not!

Wird die heutige Situation nicht immer wieder auch in solchen oder ähnlichen Ausdrücken geschildert, wenn auch andere glauben, es sei übertrieben?

Das wäre die **Entdeckung Mariens**!

Kennen wir längst?

Keine Spur!

Keine Ahnung hat man, unten wie oben, von der wahren **Vielseitigkeit**, ja, fast möchte man sagen, **All**seitigkeit der Muttergottes: angefangen vom **Herzen**. — Das **Herz** müßte man erst wieder entdecken! Ist es nicht das Elend unserer Jugend, daß sie zu Hause vielfach alles andere findet, Geld und Komfort und alles, nur nicht das **Herz**, und gerade deswegen so sehr enttäuscht ist von all den großartigen »Fortschritten« in Zivilisation und Technik und Wirtschaft, protestiert und davonläuft, Gammler, Revolutionäre bildend, die den Großen, Fortgeschrittenen, Etablierten Angst einjagen — weil sie kein Herz hatten! Ein **Herz** muß Maria wieder bringen!

Auch in Kunst und Frömmigkeit! Liturgie und »Bildung«. Im **Herzen** hat sie alles bewahrt, nicht nur im »Gedächtnis«, wie es in neuen Übersetzungen (bis in die vorgeschriebenen liturgischen Texte) so mörderisch heißt! Sie ist keine trockene Intellektualistin oder Voluntaristin, nicht kalt berechnend und über alle Gefühle erhaben. Sie hat ein **Herz**!

Was nützt aller sozialer Fortschritt und soziale Gerechtigkeit — **Herz** braucht der Mensch! Was nützen Zentralheizung, Kühlschrank und Fernseher, Auto usw., wenn doch nur Streit ist in der Familie, wenn nur gerechnet wird und gefordert. **Herz** braucht es. Und **Herz** hat Maria!

Zweitens: aber nicht nur Herz — es braucht noch

vieles andere! Von Herz und Liebe wird viel geredet und gesungen, auch heute noch, und von Tränen. Sind die Menschen deswegen allein schon glücklich geworden? Die Statistiken von Geschlechtskrankheiten, Selbstmorden von Jugendlichen, Ehescheidungen, Mord und wiederum verwahrloster Jugend beweisen zur Genüge, daß mit »Herz« allein, mit »freier Liebe« das Glück erst auch noch nicht gewährt ist! Die Geschichte beweist es mit bitteren Zahlen, daß dort, wo Herz ohne Beherrschung, die Triebe sich selbst überlassen bleiben, wo mit anderen Worten die Grundsätze der Moral in Ehe und Familie über Bord geworfen werden, wo jede Triebbeherrschung und Zucht als »Frustration« betrachtet werden — die Geschichte beweist es mit Blut und Tränen immer wieder, daß dort der Untergang der Völker besiegelt ist, im alten Orient, im Westen, und daß unsere eigenen Völker der Reihe nach vom Aussterben bedroht sind, wenn der Drang nach unten nicht gestoppt wird, wenn keine Jungfräulichkeit mehr gilt, wenn die Unbefleckte Empfängnis Mariens nicht wieder erkannt und geschätzt wird.

Sie, diese Unbefleckte Empfängnis, ist ja wieder erst ganz neu zu entdecken und zu erkennen, nachdem wir sie allzu lange Zeit als nichts anderes zu betrachten gewohnt waren, denn als luftleeren Raum, etwas rein Negatives, anstatt zu erkennen, daß es überhaupt nichts Schöneres und **Erfüllteres** und **Reicheres** geben kann als eine solche Seele, die nicht nur »brav« und »sündenlos und makelrein« war und ist, sondern ganz **erfüllt** von Leben und Gnade und Seligkeit, in eingegossenem Glauben, Hoffnung, Liebe teilnehmend an göttlichem Erkennen, an göttlicher Kraft und Seligkeit — garnicht auszudenken in all seinen Auswirkungen herrlichster Art.

Maria, die ganz **Erfüllte**, nie »Frustrierte«, harmonisch Gebildete, Genießerin Gottes, je mehr erfüllt von Geist und Gott, desto anspruchsloser an Speise und Trank. **Das** »Modell« für eine konsumüberfütterte, wohlstandskranke Gesellschaft, die weithin nichts mehr anderes kennt als Materie! Maria wäre **die** Lösung der Probleme: Je mehr Geist, desto weniger Materie braucht sie! Gar nicht auszudenken, wieviele Milliarden an Mark und Dollar die Staaten und Finanzministerien einsparen könnten, hätten die Menschen nur einen Bruchteil der Vergeistigung und materiellen Anspruchslosigkeit der hl. Familie, besonders auch Mariens, der Selbstlosigkeit und Zuvorkommenheit, wie sie in Nazareth, im Stall und während der Flüchtlingsjahre in Ägypten geübt wurden. **Das** wäre die Lösung der Probleme! Es ist wahrhaftig nicht naiv und übertrieben, wenn Lucia von Fatima behauptet hat, der Rosenkranz löst alle Probleme! Natürlich darf man ihn dann nicht so verstehen und praktizieren, wie er eben allzuhäufig geübt wurde, äußerlich und oberflächlich ohne einen rechten Gedanken der Betrachtung und Nachahmung der Szenen, wie sie da vor unserem geistigen Auge, großartig und faszinierend wie der spannendste Film, ablaufen.

Ist es nicht, sachlich-objektiv betrachtet (über die subjektiv-persönliche Schuld können wir nicht urteilen) — aber sachlich-objektiv betrachtet: ist es nicht eine unerhörte Unverschämtheit, was man von gewissen katholischen Universitäten bzw. Fakultäten hört, daß über die Muttergottes so gut wie überhaupt nichts gesagt wird. Wie kann man nur über ein »Phänomen« einfach hinwegsehen, das Tausende und Millionen von Menschen im Lauf der Jahrhunderte und herauf bis in die Gegenwart doch offensichtlich in entscheidenden Stunden ihres Lebens und Schicksals, privat und öffentlich, im positivsten Sinne beeinflußt hat! Wie kann man sich nur in überheblichster Weise hinwegsetzen über sie, über all die Tränen der Freude und des Trostes, der Reue und wahrhaftigen Bekehrung, das heißt existentiellsten Fortschritts, die sich überall ereignet haben von Saragossa und Guadalupe bis hinüber nach Vietnam und Damaskus und Zeitoun, gar nicht zu reden von den bekannteren und bekanntesten Gnadenorten, wie sie Konrad Adenauer als **die** wahren Hauptstädte der Weltgeschichte bezeichnete?

4 Millionen Pilger in Lourdes in einem Jahr, 2 Millionen in Loreto, 1 Million in Czenstochau, kaum daß ihr Bischof zum Papst wurde, und eine Macht im Leben eines Volkes, wie sie kein Politiker und schon gar kein großer Theologe und Exeget aufbringen kann! Wie kann man nur so etwas überheblich und arrogant abtun als »Volksfrömmigkeit« (man selbst ist ja so hoch erhaben darüber . . . bis man mit Krebs in der Klinik liegt . . .) — wie kann man so etwas einfach ausschließen aus den Fächern künftigen Studiums, das doch die Wirklichkeit erfassen soll, wie sie ist — wenn man sie gerade dort ignoriert, wo sie am allerkonzentriertesten und potenziertesten zusammengefaßt ist, aus allen Lebensaltern, Geschlechtern, sozialen Schichten und Bildungsgraden!

Das wäre einmal ein Thema für alle möglichen Arten von Doktordissertationen — jeder einzelne größere oder kleinere Wallfahrtsort ein Thema für sich, und alle zusammengenommen eine ganze Bibliothek! Nehmen wir nur die letzterwähnten mit all den Einzelschicksalen, die sie umfassen — überhaupt nicht auszudenken — Fatima und Czenstochau — was die alles zu erzählen wüßten — von all den privatesten und intimsten Erlebnissen bis hinein in die Entscheidungen höchster nationaler und internationaler Weltpolitik!

Und das nun alles hinstellen als Psychose und Massensuggestion? Dann möge man etwas Besseres dafür schaffen!

Hier gibt es einen »Nachholbedarf«, und einen ganz gewaltigen und dringenden! Nobelpreise müßten gestiftet werden für Actio Mariae, Seminarien, Theol. Fakultäten und Seelsorgeämter!

Bezüglich des letzten marianischen Dogmas finden wir im Buch »Die Botschaften der Frau aller Völker« [1]) Seite 113, folgende Worte:

»31. Mai 1954 / Fünfzigste Erscheinung

'Da bin ich wieder. Die Miterlöserin, Mittlerin und Fürsprecherin steht jetzt vor dir. Diesen Tag habe ich ausgesucht; an diesem Tag wird die Frau ihre Krönung erhalten'.«

»Theologen und Apostel des Herrn Jesus Christus höret gut! Die Auslegung des Dogmas habe ich euch gegeben. Arbeitet und erbittet dieses Dogma! Ihr sollt den Hl. Vater anflehen um dieses Dogma!

Der Herr Jesus Christus hat große Dinge getan und wird euch allen noch mehr geben in dieser Zeit, in diesem zwanzigsten Jahrhundert. An diesem Tag wird die Miterlöserin, Mittlerin und Fürsprecherin, den offiziellen Titel 'die Frau aller Völker' bekommen«

Es könnte auch sein, daß das große kirchliche Ereignis die Wiederzulassung der hl. tridentinischen Messe oder die Versöhnung der Ostkirche mit Rom ist.

ANERKENNUNGEN?

Es ist also wahrhaftig nicht übertrieben zu behaupten, daß es sich um ein »wichtiges« und »großes« Ereignis handelt, wenn der Papst zur Erkenntnis gelangt und der ganzen Menschheit zur Kenntnis bringt, **was**

[1]) Frau aller Völker, Miriam-Verlag, Jestetten.

und wieviel die Muttergottes gewirkt hat und weiter wirkt.

Freilich müßte er dann auch — und das würde sich aus der Verkündigung ergeben, bzw. an und für sich schon zur richtig ausgeführten Verkündigung gehören — sich zu all den einzelnen Fällen bekennen, wie sie nicht nur längst in der Vergangenheit anerkannt wurden, bis herauf zu Tre Fontane, Syrakus, Banneux usw., sondern auch zu denen, die de facto auch noch in der letzten Zeit geschehen sind und nur deswegen noch nicht anerkannt sind, weil man sie entweder überhaupt nicht untersucht oder auf geradezu lächerliche und entmythologisierende Weise rationalistisch, unsachlich, mit Terror und moralischem Druck diskriminiert und unmöglich gemacht hat.

Es müßte doch auffallen, daß Papst Paul VI., nachdem er sein Rundschreiben über die Marienverehrung, »Marialis cultus«, veröffentlicht hat, in der nächsten Zeit darauf bei einer Audienzansprache eine ganze Reihe von weniger weltbekannten Wallfahrtsorten aufzählte, die im Rundschreiben nicht erwähnt waren — als ob er eine Ergänzung zu geben hätte ob der unvollständigen Aufzählung im Rundschreiben! Eine Ergänzung, weil er zu wenig informiert gewesen war und dadurch der Muttergottes Unrecht getan und die Menschheit um ganz existentiell wichtige Aufklärungen über Hilfsmittel »geprellt« hätte!

So wäre es ein Akt **längst fälliger Gerechtigkeit** Gott, der Mutter Gottes **und** den **Menschen** gegenüber, wenn endlich die längst anerkannten Erscheinungsorte gebührend gewürdigt, die noch umstrittenen untersucht — aber **richtig** untersucht (siehe das Buch von P. Branz u. Pfr. Weigl) — und die gerechterweise bestätigten endlich freigegeben würden — selbst wenn die zuständigen Bischöfe Angst haben vor der Reaktion ihres Klerus, der ungläubigen öffentlichen

Meinung — nur nicht vor Gott? ». . . **Den sollt** ihr fürchten«, hat Christus gesagt. Sind die Führenden auch schon so weit, daß sie alles andere fürchten, nur nicht Gott?? und so die Schuld auf sich laden, nicht verhindert zu haben, was auf uns zukommt. Auch Unglaube kann Schuld sein: »**Unglaube** und Herzenshärte, denen nicht zu glauben die Ihn gesehen«. — So »**bleibt** ihre **Sünde** . . . «

Wäre noch zu fragen, was mit dem »Ereignis« die **Handkommunion** zu tun haben könnte!

Auf dem Bild der »Mediatrix« in Collevalenza könnte ein Hinweis gegeben sein:

die vollendete Gestalt **der** großen Frau, die auf der wolken- und nebelumgebenen Erdkugel steht, wie üblich Mond und Schlange zu ihren Füßen — dazu aber noch etwas Besonderes: Aus der Erde zu ihren Füßen keimt ein zarter Sproß, steigt empor zur Brust der Frau und öffnet sich als reine blühendweiße Lilie, in deren Mitte eine große weiße Hostie mit dem Monogramm Jesu erscheint: Aus dem reinen **jungfräulichen** Schoß Mariens (NB: auf diesem so höchst **modernen** Bild!) erblüht der ebenso Reine, der lebendige Christus, in der Gestalt des Brotes: welche Ehrfurcht muß er im Gesamt des Bildes erheischen! Kann man sich da vorstellen, daß ein gewöhnlicher Mensch in arroganter Weise sich das Allerheiligste nimmt, an sich reißt, gleichberechtigt davorstehend? Ist es nicht gerade der Hochmut, der uns vernichtet, der uns schon einmal und öfter in den Abgrund gestürzt, im Leben des einzelnen und ganzer Völker namenloses Leid und Elend gebracht und immer wieder die Gnade des Herrn verwirkt hat? Wäre es nicht auch gerade dieser Gesichtspunkt, die schicksalhafte Entscheidung zwischen Stolz und Demut, die uns wieder zu einer ganz anderen Ehrfurcht führen und gerade auch einen Papst dazu bewegen müßte, wieder eine ganz andere Ehrfurcht und de-

MARIA – MEDIATRIX

mütige Haltung vor unserem Herrn im Sakrament zu fordern?

In diesem Sinne könnte eine scheinbar so äußerliche Kleinigkeit einerseits die Beziehung zu Maria als auch anderseits den Charakter einer schicksalsschweren inneren Einstellung und äußeren Verhaltensweise zeigen und so seine Klärung und Bewußtmachung Teil eines wahrhaft großen Ereignisses sein, sofern es im letzten Moment noch einer gefährlichen und bedrohlichen Entwicklung der Menschheit Einhalt gebietet. Dies ist auch der Sinn und Zweck der »mystischen« Kommunion in Garabandal.

Eine entscheidend wichtige Bemerkung von Conchita:

»Es hat keinen Zweck und Nutzen, an die Erscheinungen zu glauben, wenn wir nicht ihre **Botschaften** erfüllen (befolgen!) oder, noch mehr, wenn wir nicht befolgen, was die Heilige Mutter Kirche von uns verlangt.«

Dazu noch, was der Verfasser eines englischsprachigen Büchleins (A. Pelletier, Indien—Amerika) zu dem Thema erklärt: Wie lautet denn die Botschaft? Nicht etwa nur wie immer »Gebet und Buße« — natürlich, das auch, aber wenn man immer diese gleichen Worte heruntersagt, wäre es kein Wunder, wenn es dem einen oder anderen allmählich »zum Hals heraushängt« — immer dieselbe abgedroschene Phrase zu hören!

Es ist nicht immer die gleiche abgedroschene Phrase! Das gilt schon von Fatima! Auch dort ist die Botschaft schon viel differenzierter und ausführlicher. Es sind nicht nur immer die beiden gleichen Worte »Gebet und Buße«! Einmal, erstens, sind in Fatima schon diese Worte viel eingehender erklärt und veranschaulicht (Gebet: jeden Tag Rosenkranz, Franz zieht sich zurück, liegt am Boden; Buße differenziert — nicht nur irgendwie, ganz allgemein, sondern höchst konkret: in der portugiesischen Hitze auf angebotenes Wasser verzichten, Jause herschenken, Mittagsbrot: anstatt süßer Feigen bittere Eicheln essen; einen Strick als Bußgürtel tragen anstatt der immer noch angenehmeren Kleidung und Wäsche wie heute... usw. Lehre über die Novissima, Katechese: Himmel, Hölle, Engel, Eucharistie usw.)

In **Garabandal** verlangt schon die **formelle** Botschaft mit **Worten: mehr** beten, **mehr** Opfer bringen; zu jeder Tages- und Nachtzeit bereit sein! Hohn und Verkennung ertragen; Rosenkranz schön **langsam** beten lernen; **denken** dabei (ausdrücklich gesagt!) **Betrachtung**; Meditation, nicht nur für Intellektuelle, sondern für jeden!); dann **ausdrücklich:** an die **Passion denken!** Heute ist dies so vernachlässigt und **verpönt** (von Geistlichen oft ausdrücklich untersagt bzw. abgeraten, Kindern vom **Leiden Christi** zu sprechen!); wer wird es wohl besser verstehen: die Herren Katecheten oder Maria, die Muttergottes, der Sitz der Weisheit? Besuch des **Allerheiligsten** und Kommunion auf die Zunge . . . . Botschaften . . . Botschaften . . . Selbst wenn man an die Erscheinungen nicht glauben würde, wie Conchita sagt, sollte man die Mahnungen befolgen.

Betrachtung — Betrachtung — Betrachtung — Passion — haben wir **das** getan **oder nur** an die **Erscheinungen** gedacht?

Ein kürzliches Interview mit den Seherinnen von Garabandal (Spanien)

Von Anthony Ambrosio
Aus dem Amerikanischen übersetzt
von P. O. Schenker

Die lange erwartete WARNUNG und das GROSSE WUNDER, die von der Seligsten Jungfrau Maria in Garabandal, Spanien, prophezeit wurden, sind miteinander, und dies begreiflicherweise, die Gegenstände der meisten Diskussionen der ganzen Garabandal-Erscheinungen geworden. Jede Woche erhält »Needles« (die amerikanische Garabandal-Zeitschrift des erblindeten Joey Lomangino, Anm. d. Red.) viele Briefe von ihren Lesern, die spezifische Fragen stellen bezüglich des einen oder anderen Ereignisses. Deshalb war es das Anliegen der »Needles«-Mitarbeiter, in der neuesten Juli-September 1977-Ausgabe ein kürzlich stattgefundenes Interview mit den Seherinnen Conchita, Mariloli und Jacinta zu veröffentlichen, um damit das größtmögliche Licht auf diese beiden Gesprächsthemen zu werfen. Im Februar 1977, als alle drei Seherinnen zur gleichen Zeit in den Vereinigten Staaten waren, willigten sie ein, für »Needles« eine ausgewählte Reihe von Fragen zu beantworten, die mit diesen zwei vorherverkündeten Ereignissen zu tun haben.

Obwohl »Needles« in den drei verflossenen Jahren eine jede der Seherinnen separat interviewt hat (Conchita im Sommer 74, Mariloli im Herbst 75 und Jacinta im Winter 76), war dies das erste Mal, daß alle drei einzig über das Themenpaar der WARNUNG und des WUNDERS befragt wurden. In den neuen Interviews versuchte »Needles« von den Seherinnen Antworten zu bekommen über spezifische Einzelheiten betreffend das WUNDER und ihre jetzigen Gedanken zu den

Auswirkungen der WARNUNG, die von jedermann auf der Welt gesehen und gefühlt werden soll. Jacinta, die nie zuvor über die WARNUNG gesprochen hatte gibt uns einen neuen und dramatischen Einblick in diese höchst verblüffende Prophezeiung. Mariloli spricht über bestimmte Details hinsichtlich ihrer Auswirkungen auf Menschen und Sachen während Conchita mehrere Tatsachen hinzufügt in bezug auf ihren göttlichen Ursprung und die Notwendigkeit für unsere Seelen, vorbereitet zu sein für die Zeit, wenn sie (die Warnung) kommt.

Bei diesen jüngsten Interviews über die kommende WARNUNG erhielt »Needles« nie zuvor geoffenbarte Informationen. Jacinta sagte aus, daß sie eingegossenes Wissen von der WARNUNG im Juni 1962 erhielt. Dieses nunmehr als die »Nacht der Schreie« bekannte Ereignis fand in zwei aufeinanderfolgenden Nächten statt. Am ersten Abend waren nur Mari Loli und Jacinta in Ekstase. Während dieser Erscheinung erfuhren die Seherinnen von der WARNUNG, und im Verlaufe derselben Vision wurde ihnen das nahe bevorstehende STRAFGERICHT gezeigt. Woraus die WARNUNG bestehen wird, wurde Conchita von Unserer Lieben Frau in einer anderen Erscheinung berichtet.

Als Jacinta nach weiteren Einzelheiten über die WARNUNG befragt wurde, zögerte sie zu antworten. Sie berichtete indessen mit ihren eigenen Worten, wie dieses Ereignis sein werde.

Es ist klar, daß diese Interviews unmöglich alle Information über die WARNUNG und das WUNDER enthalten können. Es bleiben immer noch viele unbekannte Tatsachen betreffend diese großen Kundgaben Gottes, die in den Gedächtnissen der Seherinnen bis zu dem Zeitpunkt verborgen bleiben müssen, da unser Herr es wünscht, sie zu offenbaren.

Obschon diese Interviews vieles von dem wiederholen, was die Seherinnen bereits früher betreffend die WARNUNG und das WUNDER ausgesagt hatten, sind wir der Ansicht, daß eine solche Wiederholung nicht schaden kann!

CONCHITA

Fr.: Wann hast Du von der WARNUNG erfahren und von wem?

A.: Das einzige, woran ich mich erinnere, ist dies, daß es die Jungfrau (selbst) war, die mir davon sprach.

Fr.: Wann hast Du von der WARNUNG erfahren und von wem?

A.: Woran ich mich jetzt erinnere, ist, daß die Jungfrau zu mir sagte, daß Gott uns vor dem WUNDER eine WARNUNG schicken werde, um uns zu reinigen und um uns vorzubereiten, das WUNDER zu sehen, und daß wir auf diese Weise genügend Gnaden an uns ziehen könnten, um unser Leben zu Gott hin zu verändern. Sie sagte mir, woraus die WARNUNG besteht, jedoch nicht ihr Datum. Ich bin (aber) nicht imstande zu sagen, woraus sie besteht; aber ich bin in der Lage zu sagen, wie sie mehr oder weniger sein wird. Es ist ein Phänomen, das in der ganzen Welt und überall gesehen und gefühlt werden wird. Ich habe stets das Beispiel von zwei aufeinanderprallenden Sternen genannt. Dieses Phänomen wird keinen physischen (leiblichen) Schaden verursachen, aber es wird uns erschrecken, weil wir zu eben diesem gleichen Augenblick unsere Seelen und den Schaden sehen werden, den wir angerichtet haben. Es ist, als ob wir in Todesangst wären; aber wir werden nicht durch ihre Auswirkungen sterben, oder vielleicht werden wir sterben aus Furcht oder durch den Schock, uns selbst zu sehen (zu erkennen). Möge mir die Jungfrau verzeihen, wenn ich es nicht in

der Weise erkläre, wie es ist; aber ich versuche, Ihnen zu sagen, was ich davon weiß, wie die WARNUNG sein wird an jenem Tag.

Fr.: »Sahst« oder hörtest Du von der WARNUNG?

A.: Die Jungfrau sprach mir von ihrem Kommen.

Fr.: Wenn die WARNUNG nur eine kurze Zeit andauert, wird sich die Welt ihrer als von GOTT kommend entsinnen, oder wird sie nur ein Traum oder eine Illusion gewesen zu sein scheinen?

A.: Ich habe nie gesagt, daß die WARNUNG nur ein kurzer Moment sein werde. Was ich gesagt habe, ist, daß selbst wenn es nur ein Augenblick wäre, es sehr eindrucksvoll und schrecklich sein würde. Niemand wird einen Zweifel daran haben, daß sie von GOTT kommt und daß sie nicht menschlich (verursacht oder erklärlich) ist. Ich, die ich weiß, was sie ist, fürchte mich sehr vor jenem Tag.

Fr.: Vor vielen Jahren sagtest Du uns, daß das Ereignis der WARNUNG mit dem Buchstaben »A« beginne. Da Unsere Liebe Frau Dir niemals gebot, uns nicht zu sagen, was dieses Wort ist, kannst Du es uns jetzt verraten?

A.: Sie verbot es nicht; aber ich weiß nicht, warum ich es nicht gesagt habe, und fühle mich (auch) nicht gedrängt, es jetzt zu sagen.

Fr.: Du sagtest einmal zu Pater Marcelino Andreu: »Wenn Sie die WARNUNG sehen, werden Sie wissen, daß wir am Anfang des Endes der Zeit stehen«. Kannst Du uns erklären, was Du damit meintest?

A.. Die Jungfrau sagte uns, daß die WARNUNG und das WUNDER die letzten Warnungen oder letzten großen Weltkundgaben sein werden, die Gott uns geben wird. Darum glaube ich, daß wir nach ihnen dem Ende der Zeit nahe sein werden.

Fr.: Hast Du irgendwelche Ratschläge für die Leute, damit sie sich auf dieses Ereignis vorbereiten können?

A.: Wir müssen stets dadurch vorbereitet sein, daß wir Frieden haben in unseren Seelen und uns nicht so sehr herunterbinden an diese Welt. Vielmehr müssen wir oft daran denken, daß wir (nur deshalb) hier sind, um in den Himmel zu kommen und Heilige zu sein.

MARI LOLI

Fr.: Wann ungefähr erfuhrst Du von der WARNUNG?

A.: Ich erinnere mich nicht, wann, aber die Heiligste Jungfrau sprach mir mehr als einmal von der WARNUNG.

Fr.: Könntest Du beschreiben, wie die WARNUNG sein wird?

A.: Wir werden sie in uns selbst fühlen, und es wird absolut klar sein, daß sie von Gott kommt. Wir werden den Schmerz fühlen, den wir Gott mit unseren Sünden zufügen.

Fr.: Hast Du jemals mit Conchita über die Daten der WARNUNG (von der Du das Jahr weißt) und des WUNDERS, das sie kennt, gesprochen? Kannst Du uns eine ungefähre Zeitangabe machen für die Spanne zwischen diesen beiden Ereignissen, so daß sich die Leute vorbereiten können, zum WUNDER zu gehen?

A.: Ich habe nie mit Conchita über diese Daten gesprochen. Die Zeitspanne von der WARNUNG bis zum WUNDER wird kürzer sein als ein Jahr.

Fr.: Kennst Du das genaue Datum der WARNUNG?

A.: Nein. Das einzige, was ich weiß, ist das Jahr.

Fr.. Was ist mit den inmitten der Luft anhaltenden Flugzeugen? »Sahst« Du es oder wurde Dir davon etwas gesagt?

A.: Die Heiligste Jungfrau sagte mir, daß alle Maschinen und Motoren zu einem Stillstand kommen werden.

Fr.: Gehört der Kommunismus in die WARNUNG?

A.: Nicht daß ich davon wüßte oder mich in diesem Moment daran erinnerte.

Fr.: Hast Du irgendwelche Ratschläge für die Leute, so daß sie sich auf dieses Ereignis vorbereiten können?

A.: Sie mögen viel Buße tun, viele Opfer bringen und das Allerheiligste Altarssakrament jeden Tag besuchen, wenn sie dazu in der Lage sind, und den Rosenkranz täglich beten.

JACINTA

Fr.: Kannst Du uns sagen, wie die WARNUNG sein wird?

A.: Die Warnung ist etwas, das zuerst in der Luft überall in der Welt gesehen und unmittelbar in das Innere unserer Seelen übertragen werden wird. Sie wird nur eine ganz kurze Zeit dauern, aber es wird sehr lange scheinen wegen ihrer Wirkung in uns. Sie wird für das Wohl unserer Seelen sein, — damit wir in uns selbst unser Gewissen sehen ... das Gute und das Böse, das wir getan haben. Dann werden wir eine große Liebe fühlen zu unseren himmlischen Eltern und für alle unsere Beleidigungen um Vergebung bitten.

Fr.: Wird die WARNUNG von allen Leuten empfunden werden, ungeachtet ihres Glaubens?

A.: Die Warnung ist für jedermann, weil Gott unser Heil (unsere Rettung) will. Die Warnung geschieht, um uns Ihm näherzubringen und unseren Glauben zu vermehren. Deshalb sollte man sich auf diesen Tag vorbereiten, aber nicht, indem man ihn mit Furcht erwartet; denn Gott schickt uns nichts um der Furcht

willen, sondern vielmehr mit Gerechtigkeit und Liebe, und Er tut es für das Wohl aller Seiner Kinder, damit sie ewige Glückseligkeit genießen können und nicht verloren gehen.

Die folgenden Fragen handeln besonders von dem GROSSEN WUNDER. Die Antworten auf diese Fragen wurden von Conchita und Mari Loli gegeben. Jacinta wurde nie etwas über das Wunder mitgeteilt von der Seligsten Jungfrau. Jacinta gab uns bekannt, daß, wenn immer sie Unsere Liebe Frau über das Wunder befragt habe, die Seligste Jungfrau ihr einfach gesagt habe: »Jedermann wird glauben«.

MARI LOLI

Fr.: Wurde Dir in einer Erscheinung etwas von dem Wunder gesagt, und wenn ja, von wem?

A.. Die Heiligste Jungfrau sprach mir davon.

Fr.. Waren die anderen Mädchen bei Dir, als Du von dem Wunder erfuhrst?

A.: Ich erinnere mich nicht, wer bei mir war.

Fr.. Was weißt Du über das Wunder? Wie wird es sein?

A.: Das einzige, was ich weiß, ist, daß es in weniger Zeitdistanz als ein Jahr nach der Warnung sein wird.

Fr.: Wirst Du mit Deiner Familie nach Garabandal gehen zum Wunder?

A.: Wenn es Gottes Wille ist.

CONCHITA

Fr.: Sahst Du das Wunder oder wurde Dir davon etwas gesagt?

A.: Die Jungfrau sprach mir davon und gab mir zu verstehen, was genau es sein wird.

Fr.: Warst Du allein oder mit den anderen Mädchen, als Unsere Liebe Frau Dir von dem Wunder sprach?

A.: Ich erinnere mich nicht.

Fr.: Wie wird das Wunder beschaffen sein?

A.: Selbst wenn ich eine Erklärung versuchen würde, wäre ich nicht imstande, es richtig zu tun. Es ist besser, Sie warten, bis Sie es sehen.

Fr.: Weißt Du, ob Jesus, Maria, Josef oder ein Engel Teil des Wunders sein werden?

A.: Was ich weiß, ist, daß Gott das Wunder wirken wird. Die Jungfrau sagte es mir, und dies ist, was ich zu sagen in der Lage bin.

Fr.: Planst Du, mit Deinen Kindern zum Wunder zu gehen?

A.: Ich weiß nicht. Ich möchte schon, aber ich weiß nicht, was geschehen wird.

Fr.: Würdest Du bitte die Auskunft wiederholen betreffend den Zeitraum der Monate, innerhalb denen wir das Wunder erwarten dürfen?

A.: März bis Mai.

Fr.: Du sollst der Welt eine Ankündigung machen acht Tage, bevor das Wunder geschieht. Weißt Du, wie Du dies tun wirst?

A.: Ich weiß es nicht. Ich denke mir, daß ich an diesem Tag es in der bestmöglichen Art sagen werde, so daß alle jene, die fähig sind zu gehen, davon erfahren.

Fr.: Es wird von einigen Leuten gesagt, daß die Weise, wie Du das Wunder ankündigen würdest, in sich selbst ein »Wunder« sein werde. Kannst Du dies erklären?

A.: Ich glaube, daß die Art und Weise, wie es gesagt werden wird, ein weiteres Wunder sein wird, weil es ei-

ne sehr große Verantwortung für mich ist und ich eines Wunders bedarf, um es zu sagen.

Fr.: Es wurde gesagt, daß Du das genaue Datum des Wunders nicht wüßtest, und daß, wenn Du darüber befragt worden seist, Du leichthin geantwortet hättest. Ist dies wahr?

A.: Nein, ich habe nie Spaß gemacht, wenn ich sagte, daß ich das Datum des Wunders wüßte. Ich weiß wirklich den Tag, den Monat und das Jahr.

Fr.: Unsere Liebe Frau sagte: »Jene, die das WUNDER sehen, werden bekehrt werden.« Wenn das Wunder im Fernsehen übertragen werden kann, werden dann jene, die es in dieser Weise sehen, auch bekehrt werden? Was ist mit den Kranken, die es am Fernsehen mitverfolgen ... werden sie geheilt werden?

A.: Ich weiß es nicht.

Fr.: Was sagte Unsere Liebe Frau über die Kranken an jenem Tag? Wenn Unsere Liebe Frau sagt, »die Kranken werden geheilt werden«, sind dann damit auch die geistig, gefühlsmäßig und seelisch kranken Leute gemeint?

A.: Die Worte der Jungfrau sind diese: »Die Kranken werden geheilt und die Sünder werden bekehrt werden.«

Fr.: Beim Wunder, wenn ich weit vom Dorf entfernt in den Bergen, aber doch in der Lage bin, die Pinien (Föhren) zu sehen, werde ich dann das Wunder dennoch klar sehen? Und wenn ich krank bin, werde ich auf diese Distanz geheilt werden?

A.: Sie werden imstande sein, das Wunder klar zu verfolgen, und wenn Gott es will, werden Sie gesund werden.

Fr.: Wenn einer, der an die Erscheinungen glaubt, krank, aber unfähig ist, dem Wunder beizuwohnen, kann dieser zu Hause geheilt werden, oder ist es für ihn notwendig, anwesend zu sein?

A.: Ich weiß es nicht. Die Jungfrau nannte einige Leute, die geheilt werden, auch wenn sie nicht dort sein werden, aber von den anderen weiß ich es nicht.

Fr.. Einige haben gesagt, daß die Menschen an anderen Orten, in den Vereinigten Staaten und in Europa, Marianische Wallfahrtsorte besuchen und an jenem Tage dort geheilt werden könnten. Was weißt Du davon?

A.: Die Jungfrau sagte uns nichts darüber.

Fr.: Werden jene, die fest an das kommende Wunder glauben, aber aufgrund ihrer Lebenslage nicht beiwohnen können, z. B. Priester und Nonnen im Kloster, an diesem Tage irgendwelche geistliche Gnaden erhalten?

A.: Ich weiß es nicht, persönlich. Es hängt von diesen Leuten ab, von ihren Wünschen, ihrem Glauben oder ihren Opfern oder ihrem Gehorsam.

Fr.: Einige sagen, die Kranken sollen hingehen, aber Unsere Liebe Frau hat (doch) Heilungsgnaden und geistige Gaben für alle, die beiwohnen. Hat U. L. F. irgendetwas dieser Art gesagt oder angedeutet? Sollen jene, die gesund sind, auch zum Wunder gehen?

A.: Wenn Gott ein Wunder wirkt oder Seine Liebe in dieser Weise zeigt, müssen wir alle versuchen, Zeugen davon zu werden, ... weil wir alle bedürftig sind.

Fr.: Angenommen, das Dorf ist so überfüllt von Menschen, daß ich unfähig bin, nahe an Garabandal heranzukommen, werde ich das Wunder von den Berghängen aus sehen, selbst wenn ich die Pinienbäume nicht sehen kann, von dort, wo ich mich befinde?

A.: Ich glaube schon, aber ich weiß es nicht bestimmt.

Fr.: Welchen Ratschlag hast Du für die Leute, beson-

ders die Kranken, die beabsichtigen, an jenem Tag in Garabandal zu sein?

A.: Glauben, Demut haben und GOTT danken, daß er sie befähigt zu gehen.

Fr.: Wegen der Millionen von Menschen, die für das Wunder in Garabandal erwartet werden, sagte Unsere Liebe Frau je etwas über dieses riesige Heer von Leuten, die vorhaben, schon mehrere Tage vorher dort zu sein? Viele sind besorgt, wie sie es schaffen sollen mit ihrer Nahrung und den Toiletten-Einrichtungen. Hast Du dazu irgendeinen Kommentar?

A.: Laßt das in GOTTES Hand. Tut, was ihr könnt, und für den Rest denkt daran: »GOTT wirkt Wunder«.

Fr.: Josef Lomangino wurden »neue Augen« für den Tag des Wunders versprochen. Sind damit geistige oder natürliche Augen gemeint?

A.: Was die Jungfrau sagte, ist dies, daß er am Tage des Wunders wieder sehen werde. Ich verstand darunter, daß er normal, naturalmente, sehen wird.

Fr.. Was ist mit dem Papst, der das Wunder sehen soll?

A.: Die Jungfrau sagte, daß er es sehen werde, von dem Ort, an dem er auch immer sein werde.

Fr.: Wir achten Deine Lage in bezug auf den Geheimcharakter des Datums, jedoch, bist Du in der Lage, uns einen Zeitraum anzugeben, innerhalb dessen wir das Wunder erwarten können? Könntest Du sagen, innerhalb fünf Jahren? Innerhalb 10 Jahren? Zwischen 10 und 20 Jahren?

A.: Das einzige, was ich Ihnen sagen kann, ist, vertrauensvoll zu sein, daß wir mit acht Tagen Vorsprung genug Zeit haben werden, hinzugelangen. Aber seid stets bereit, weil es ein Wunder ist, das GOTT wirken wird und das wir brauchen. **(»Needles«)**

Offener Brief

Durch die ablehnende Haltung der früheren Bischöfe wurden die Gläubigen in unvorstellbare Gewissensnöte getrieben. Es gibt eine große Zahl von Zeugen, die die außerordentlichen Ekstasen und die außergewöhnlichen Vorkommnisse in Garabandal beobachtet haben.

Nachstehend der berühmte »Offene Brief« von Rechtsanwalt und Professor Sanchez-Ventura. F. Sanchez-Ventura ist der Verfasser des Buches: »Die Ereignisse in Garabandal«, das in den Jahren 1966/67 im Christiana-Verlag, CH-Stein am Rhein, in zwei Auflagen erschienen und seither leider vergriffen ist.

Der Brief lautet:

Zaragoza, den 26. März 1967

Seine Exzellenz,
Herrn Baron von Vilagaya
Valencia 320
Barcelona

Sehr geehrter Herr,

hiermit antworte ich auf Ihren Brief vom 22. dieses Monates. Es ist klar, daß die letzte NOTE des Bistums (17. 3. 67) von Santander jeden Katholiken verpflichtet, diese mit größter Ehrfurcht und im Geiste der Unterwürfigkeit zu betrachten.

Es ist aber ebenfalls sicher, daß der Gehorsam gegenüber den Anweisungen der Hierarchie uns nicht verpflichten kann, unsere Meinung zu ändern ... weil wir gewisse Ereignisse aus der Nähe miterlebt haben und in bezug auf gewisse Tatsachen über unzweideutige Beweise verfügen.

Der Glaube ist ein unverdientes Geschenk, das der Himmel denen gibt, für die er es für gut findet; obwohl wir es nicht verdient haben, hat er uns diesen Glauben geschenkt. Deshalb ist die Ehrfurcht gegenüber den Entscheidungen des Bistums vollkommen vereinbar mit der Tatsache, daß wir unserem Innern unserer Überzeugung treu bleiben ... In der NOTE sind eine Reihe von Widersprüchen enthalten, die auch für den unterwürfigsten und gehorsamsten Leser offenkundig sind.

Wenn wir diese NOTE mit dem früheren Dekret vergleichen, so sehen wir, wie in dem einen die Rede ist von Botschaften, »bei denen man keinen Grund für eine kirchliche Verurteilung gefunden hat«, wogegen in der NOTE ganz einfach gesagt wird, solche Botschaften habe es überhaupt nicht gegeben. Im früheren Dekret wird behauptet, man glaube nach dem Studium dieses Falles, daß das Mädchen, »welches die Erscheinungen sieht, an einem bedingten Komplex mit der Möglichkeit von Ekstasen leide«. Mit diesen Worten anerkennt man also die Existenz von authentischen Ekstasen, denen gegenüber man aber keine Maßnahme ergreift. Im Gegensatz dazu versichert man in der zweiten Bekanntmachung (17. 3. 1967), daß alles ein unschuldiges Kinderspiel gewesen sei.

Es war ein Spiel, das unzählige Ordensberufe und aufsehenerregende Bekehrungen verursacht hat, sowie Phänomene der Gewissenserkenntnis, Hierognose (Kenntnis heiliger Dinge oder Personen), ekstatische Märsche und Fälle, Levitationen usw.; ein Spiel, in dessen Verlauf Kinder von 11 und 12 Jahren als vollendete Schauspieler alle Phänomene der Geschichte der Mystik »dargestellt« haben, die — obwohl sie weder lesen noch schreiben konnten — allem Anschein nach eine gründliche Kenntnis dieser Wissenschaft (der Mystik) hatten ... Es war ein Spiel, das ihnen erlaubt hat, mehrere Fachleute der Medizin in die Irre zu führen, ein Spiel, das unerklärliche Heilungen und

Gnaden, das ein öffentliches Wunder und den Tod eines jungen Jesuiten verursacht hat...

Wenn man sich im Hinblick auf all diese unbestreitbaren Tatsachen in die Erklärung flüchtet, es handle sich nur um »ein unschuldiges Spiel«, kommt man um die Bemerkung nicht herum: »Nun, das war wirklich ein kleines spaßiges Spiel.« In der NOTE wird auch erklärt, alles, was sich ereignet habe, könne rein natürlich erklärt werden, aber man sagt uns nicht, worin der Trick dieses gewaltigen Phänomens einer scheinbaren Zauberkunst besteht, ein Trick, den weder die Theologen, welche diese ohne Vorurteile studiert haben, noch die medizinische Wissenschaft erklären konnten...

Der Bischof von Santander begnügte sich nicht damit, die NOTE schlicht und ohne Aufsehen bekanntzugeben; vielmehr wurde die Presse einberufen, damit diese die NOTE mit sensationellen Schlagzeilen in alle vier Himmelsrichtungen verbreite, wobei einige vor unehrerbietigen Ausdrücken nicht zurückschreckten; die Zeitung »LA GAZETA DEL NORTE« schrieb z. B. von den »Tausend Erscheinungen eines Engels mit einem Kichererbsengesicht«. Sogar das spanische Fernsehen wurde eingeladen und ermächtigt, Filmaufnahmen von dieser Presse-Konferenz zu machen. In Rückblenden wurden dann noch gewisse Szenen von Ekstasen der Sehermädchen von Garabandal gebracht, die dann zusammen mit der Erklärung, es handle sich um eine Komödie, einen unehrerbietig lächerlichen Eindruck machten.

Alles in allem ist es für einen normalen Menschen schwierig, das ganze »natürlich« zu erklären und für ein Kinderspiel zu halten, als an die Wirklichkeit echter Ekstasen zu glauben. In der erwähnten NOTE gibt es aber einen Abschnitt, den ich angesichts der Verwirrung, an der man als Folge des Konzils leidet, bei aller Ehrfurcht als unzulässig betrachte. Dieser Abschnitt

— er allein zwingt mich auf Ihren Brief so ausführlich zu antworten. Ich beziehe mich auf folgende Stelle: »Einmal mehr ist es gut, sich daran zu erinnern, daß die wahren Botschaften des Himmels durch die Worte des Evangeliums, der Päpste und der Konzilien, sowie durch das ordentliche Lehramt der Kirche zu uns gelangen.«

Dieser Satz bedeutet nichts anderes als eine Ablehnung der Möglichkeit von Erscheinungen der Hl. Jungfrau. Wenn man in bezug auf solche Erscheinungen bewußt und in aller Ruhe solche Worte schreibt, ohne im geringsten auf die von der Kirche anerkannten marianischen Botschaften hinzuweisen, so kommt das der Behauptung gleich, daß wahre Botschaften nie durch die Vermittlung der Hl. Jungfrau kommen können, was nichts anderes bedeutet, als Lourdes und Fatima zu verurteilen. Das ist sicher etwas von großer Wichtigkeit, zumal wenn wir uns bewußt werden, daß wir einen kritischen Zeitpunkt der Verwirrung durchleben; wenn wir wissen, daß ein Teil des Klerus vieler Länder die Hl. Jungfrau von jeglicher übernatürlichen Teilnahme am Leben der Menschen ausschließen will; wenn es feststeht, daß einige Bischöfe diese These verteidigen, die — ich sage es in aller Ehrfurcht — meiner Meinung nach vollkommen häretisch ist; wenn wir die Atmosphäre kennen, die man in diesem Sinne in bestimmten Konzilskreisen eingeatmet hat und die den Papst veranlaßt hat, übereilt für Maria den Titel »Mutter der Kirche« zu proklamieren, in der Absicht, gewisse Gerüchte zu ersticken...

All das, zusammen mit persönlichen Erklärungen, in denen die Echtheit der von der Kirche anerkannten marianischen Erscheinungen in Zweifel gezogen werden, bringt mich zur Überzeugung, daß dieser Abschnitt der bischöflichen NOTE eine unverzügliche Erläuterung verlangt und prinzipiell von allen Gläubigen, wie sehr sie auch der Hierarchie gegenüber gehorsam sind, nur mit Vorbehalt und berechtigter Besorgnis aufgenommen werden kann.

Ich habe mich dazu berufen gefühlt, jeden Tag mehr das glorreiche Apostolat unserer Lieben Frau zu studieren und mich darin zu vertiefen, und **ich kann Ihnen versichern, daß etwas Welterschütterndes in die Nähe rückt, das seit unvordenklichen Zeiten durch die Propheten vorausgekündigt wird:** ich kann Ihnen versichern, daß die Funken marianischer Erscheinungen in der ganzen Welt heutzutage ein schwer zu umgehendes reales Phänomen sind; daß man bei allen diesen Erscheinungen gemeinsame Kennzeichen findet ... daß die ekstatischen Fälle und der Gesichtsausdruck während der Ekstasen bei der Seherin von BOCCO in Italien z. B. ganz identisch sind mit denjenigen der Mädchen von Garabandal; daß sich in BOCCO ein aufsehenerregendes Wunder ereignet hat, das demjenigen von Fatima ähnlich ist und daß die Kirche die Erlaubnis zum Bau einer großen Basilika gegeben hat, daß diese Feuerblitze einer möglicherweise himmlischen Offenbarung sich gegenwärtig in verschiedenen Ländern ereignen; daß es an eine fast wunderbare Naivität grenzt, zu glauben, all das, was sich in Garabandal ereignet hat, habe die Ursache in einem Kinderspiel...

Nach diesen Erklärungen, zu denen mich Ihr Brief und mein Gewissen verpflichtet haben, bin ich im Geiste des Gehorsams bereit, das Dekret des Bistums von Santander anzuerkennen und meine Feder künftig auf die Seite zu legen, indem ich diese Angelegenheit den Händen Gottes übergeben. Denn nach einer Aussage von Conchita — die wohl fähig ist, verwirrt zu werden, aber niemals absichtlich in die Irre zu führen — hat der HERR ihr in der Lokution von Pamplona (13. Februar 1966) gesagt, »sie solle nicht darum besorgt sein, ob die Menschen ihr Glauben schenken werden oder nicht, denn Er werde alles selbst wirken...«

gez. Franzisco Sanchez-Ventura

(Timor Domini, Nr. 1/1978)

Die Antwort des Himmels

Am 17. März 1967, am Fest der 7 Schmerzen Mariens, versetzte der Bischof von Santander, Mgr. Dr. Vincente Puchol Montiz, nachdem die vier Sehermädchen von ihm und drei Geistlichen acht Stunden lang verhört worden waren, durch seine Verurteilung Garabandal den Todesstoß. Der Bischof hatte für die Erscheinungen nur die Worte »unschuldiges Kinderspiel« übrig (siehe offener Brief von F. Sanchez-Ventura).

Wie wahr das Sprichwort ist, »GOTT läßt seiner und seiner Mutter nicht spotten«, hat sich bald auffällig beim Bischof selbst gezeigt. Denn kurz darauf verunglückte er tödlich bei einem Autounfall in der Nähe des riesigen Kreuz-Monumentes im Tal der Gefallenen, in der Nähe von Madrid.

Es war dies am 8. Mai, dem Fest jenes Erzengels Michael, der im Zusammenhang mit den Ereignissen in Garabandal in gewissen Zeitungen verspottet wurde.

Der Bischof steuerte seinen Wagen und wurde von einem Unwohlsein befallen. Dabei geriet der Wagen aus der Fahrbahn und stürzte in einen Graben, wo er sich mehrere Male überschlug. Der Bischof erlitt dabei tödliche Verletzungen. Sein Mitfahrer jedoch, der Provisor seiner Diözese, blieb sonderbarerweise unverletzt.

Bei einem Gespräch unter Priestern hat man später allerdings eine andere Version zu hören bekommen. Nämlich der Bischof habe plötzlich aufgeschrien und einen verzerrten Ausdruck gehabt, wie wenn er eine schreckliche Vision gehabt hätte.

Der tödliche Unfall des Bischofs ist merkwürdig genug und gibt zu denken. Er erregte in der katholischen Welt großes Aufsehen.

(Ave-Kurier, Nr. 4/1978)

Wundersucht, Kinderspiele oder Tatsachen?

Garabandalfreunde werden vielfach als wundersüchtig bezeichnet und mit den Zeugen Jehovas verglichen; ja, man versucht, uns als Fanatiker oder Verirrte abzutun.

Demgegenüber kann ich die Frage stellen, in welchem Punkt wir gegen den römisch-katholischen Glauben verstoßen?

Man sollte die Mahnungen des Himmels nicht gar so leicht abtun, als wären es nur Kindergeschichten. Heute, im Zeitalter der Computer und Mondsonden, glauben viele Menschen nicht mehr an ein Weiterleben nach dem Tode. Viele wollen die Mahnrufe des Himmels zu Gebet und Buße nicht hören — es paßt nicht in ihr Lebensprogramm. Man will sich das Leben schön machen und es in vollen Zügen genießen, denn schließlich lebt man ja nur einmal. In die Wohnung gehört ein Fernsehapparat, aber kein Kreuz, das wäre anachronistisch. Ein Muttergottesbild ist nur etwas für Kinder und Nervenkranke — unbrauchbar für die Intelligenz ...

Die Ereignisse in Garabandal sprechen für sich. Man muß der Wahrheit Zeugnis geben:

Heiliger Erzengel Michael,
verteidige uns im Kampfe! Gegen die Bosheit und die Nachstellungen des Teufels sei du unsere Schutzwehr! Ihm befehle GOTT, so bitten wir flehentlich. Du aber, Fürst der himmlischen Heerscharen, schleudere den Satan und die anderen bösen Geister, die zum Verderben der Seelen in der Welt umherschleichen, mit göttlicher Kraft hinab in den Abgrund! Amen.

a) die Ekstasen der vier Seherinnen;

b) die Unempfindlichkeit gegen Schmerzen; sie verspürten nicht die versuchsweise vorgenommenen Nadelstiche, usw.;

c) keine Reaktion der Augen bei plötzlichem, grellem Licht;

d) ihre Gesichter waren wie von einem Licht erhellt;

e) ihr Vorauswissen;

f) ihr Schweben;

g) Erkennen von Geweihtem;

h) der ungewöhnliche Tod des Jesuitenpaters Luis Andréu;

i) die vielen wunderbaren **Heilungen** durch Medaillen, Kreuze und andere Gegenstände, die die heilige Jungfrau dort geküßt hat;

j) das **Hostienwunder**, bei dem der Erzengel Michael die hl. Kommunion zu Conchita brachte.

Es war, wie überhaupt die ganzen Vorfälle dort, Ursache zahlreicher Bekehrungen zur katholischen Kirche.

Monsignore Philippi (Kongregation für die Verbreitung des Glaubens, Rom) erklärte: »Die Tatsache, daß **Pater Pio** (Kardiognosie! Bilokation! Stigmatisiert! † 23. 9. 1968), welcher für seine Tugend, sein Wissen und seine Anhänglichkeit an den Heiligen Stuhl bekannt ist, die Erscheinungen guthieß und die vier kleinen Seherinnen ermutigte, die Botschaft der Heiligen Jungfrau zu verbreiten, ist ein großer Beweis der Echtheit derselben.«

Für alle diejenigen unter uns, die GOTT lieben, Seine Gebote halten und Seinen göttlichen Willen zu erfüllen suchen, bräuchte es wahrscheinlich keinen Aufruf und kein Wunder.

Das vorausgesagte Wunder wird jedoch für alle anderen ein letzter Aufruf und eine unermeßliche Gnade sein, für die wir nicht genug dankbar sein können.

Viele Augenzeugen

»Schon seit Beginn wurden in Garabandal die Ekstasezustände, die die Seherinnen alleine oder zusammen hatten, strengen Prüfungen unterzogen. Berühmte Mediziner, Priester und Theologen haben die Tatsache beobachtet, sie analysiert und sie in einer Reihe von Untersuchungen überprüft. Das kann die gesamte Bevölkerung des Dorfes bezeugen. Tausende konnten die Tatsachen selbst feststellen: Wallfahrer, Fotografen, Journalisten und sogar Reporter des italienischen und spanischen Fernsehens. Zahlreiche Dokumente stehen uns also über diese Ereignisse zur Verfügung.« (Allesch)

»Eine medizinische Kapazität von Madrid verbot den ihr unterstellten Ärzten, die Phänomene von Garabandal ins Lächerliche zu ziehen. Er versicherte, daß es sich um etwas Unerklärliches handelt, das Interesse und Hochachtung verdiene.

Ein Spezialist für Kinderkrankheiten sagte in einem Schreiben vom 2. Februar 1962: 'Das Faktum, das meine besondere Aufmerksamkeit immer wieder erregt, ist die absolute Normalität, mit der die Kinder sieben aufeinanderfolgende Monate lang die bewundernswerten Ekstasen überstanden haben, obwohl viele — auch wenn sie diese Phänomene selbst nicht gesehen haben — der Ansicht sind, es handle sich um einen pathologischen Fall.'

In seinem Bericht zum 26. Februar 1962 konstatiert derselbe Arzt ironisch: 'Welch seltsame Krankheit, die sich Tage oder Monate im voraus ankündigt. Hirnverletzungen aller Art zeigen schon in der Kindheit typische oder charakteristische Symptome, wie z. B. dauernde Geistesabwesenheit, Schlafstörungen, aggressiver Charakter, unkontrollierbare und weitläufige Seelenangst. Und in acht aufeinanderfolgenden Monaten bleiben nicht nur derartige Symptome aus, sondern zeigt sich geradezu das Gegenteil. Ich habe die Mädchen froh angetroffen, und ihre Eltern sagten mir, daß sie wie 'Murmeltiere' schliefen. Ihr Charakter ist von einer besonderen Sanftmut, sie sind stets gehorsam mit einer grenzenlos demütigen Gesinnung. Für meine Begriffe blieben die Mädchen so normal, wie sie immer waren.'« (F. Sanchez-Ventura y Pascual, S. 112/113)

Wie bereits erwähnt, kamen aus vielen Ländern Europas und sogar aus Amerika Personen nach Garabandal.

Die österreichische Zeitung »Grüß Gott!« schreibt dazu in Heft 2/78 auf den Seiten 17—18:

». . . der die Mühe nicht scheute, mit seinem Privatwagen den langen und damals noch beschwerlichen Weg nach Garabandal wiederholt zurückzulegen, um Augenzeuge der Ekstasen der vier Seherkinder anläßlich der Erscheinungen dortselbst zu werden.

Er sah aus nächster Nähe, wie Mediziner und Fachwissenschaftler darum bemüht waren, herauszufinden, ob die Ekstasen der Kinder echt sind oder ob es sich um bloße Halluzinationen handle. Er sah entrüstet mit eigenen Augen, wie man aus diesem Anlaß den Kindern lange Schindelnägel in die Arme stieß, wie man ihnen mit Quarzlampen in die weitgeöffneten Augen leuchtete und verschiedenes mehr, was unbedingt schwerste Reaktionen hätte nach sich ziehen müssen, wenn die Ekstasen nur manipuliert gewesen wären. Aber nichts von alldem. Die Kinder blieben gegen alles total unempfindlich. Man konnte sie auch nicht von der Stelle heben, auch nicht mit größtem Kraftaufwand, während sie in Ekstase waren.«

Die Unempfindlichkeit gegen Schmerzen ist ein Nachweis für echte Ekstase.

Maria Masuch berichtet in ihrer Broschüre »Das Geheimnis von Garabandal« auf den Seiten 5—6 unter anderem:

»Viele und mannigfaltige Phänomene haben sich, während die Mädchen in Ekstase waren, ereignet: Schwerelosigkeit; absolute Unempfindlichkeit gegenüber Verbrennungen und harten Schlägen (Belichtetwerden von sehr hellem Licht der Fernseh- und Filmkameras, das unter normalen Umständen ihre Netzhaut verbrannt haben würde, veranlaßte nicht einmal ihre Augenlider zu flackern); Sprachenkenntnis, Herzenskenntnis und Gedankenleser

Durch die Verehrung eines von Unserer Lieben Frau geküßten Kreuzes wurde ein an spinaler Kinderlähmung leidender Junge geheilt. Viele Heilungen von schwerer Krankheit, wie Leukämie, Tuberkulose, Krebs usw. konnten geprüft und anerkannt werden.

Die Leute, die nach Garabandal kamen, pflegten den Mädchen Rosenkränze, Medaillen, Kreuze, Eheringe und andere Gegenstände zu geben, damit Unsere Liebe Frau sie küsse. In der Ekstase reichten die Mädchen die Gegenstände Unserer Lieben Frau zum Kusse und dann gaben sie diese, von Unserer Lieben Frau gelenkt, den jeweiligen Eigentümern zurück, ohne jemals einen Fehler zu machen. Obgleich sie, so erklärten die Mädchen, bei diesen Gelegenheiten die Personen nicht sahen, fühlten sie die Berührung jener, denen die von Unserer Lieben Frau geküßten Gegenstände gehörten. Unsere Liebe Frau sagte ihnen, wem die Gegenstände zurückgegeben werden sollten. In den ersten Monaten pflegten die Mädchen während der Ekstase ein Kreuz in der Hand zu tragen, das sie den Leuten in der Menge zum Kusse boten, wie Unsere Liebe Frau sie lenkte. Bei dieser Gelegenheit erfuhren viele Zeugen, oft unter Tränen, eine tiefe innere Bewegung, wenn sie sahen, daß die Mädchen sich ihnen, von Unserer Lieben Frau gelenkt, näherten, während sie sie zu gleicher Zeit mit dem Kreuz bezeichneten und segneten.«

Zusammenfassend muß für alle diejenigen, die die Wahrheit noch lieben, bestätigt sein, daß hier der Himmel am Werke war!

Wird das Strafgericht kommen?

Wie bereits in den einführenden Abschnitten angedeutet, wirkt die Rede vom Strafgericht für modern Eingestellte wie ein rotes Tuch. GOTT sei doch nicht ein GOTT der Rache, sondern ein GOTT der Liebe! Daß Er ein GOTT der Liebe ist, wissen wir so gut wie die Modernen auch, nur wissen wir ebenso gut, daß in der Bibel nicht nur ein liebender Gott erscheint, sondern auch ein gerechter, und daß GOTT dem Menschen auch die Liebe und das Heil nicht gegen seinen freien Willen aufzwingen will.

Gott will uns nicht gegen unseren Willen retten. Für jene, die sich Seiner Gnade verschließen, wird es der Tag der Strafe und der Vergeltung sein, denn Seine Barmherzigkeit kommt ihnen nicht zugute. Wenn wir nicht Opfer bringen, Buße tun, das hl. Sakrament besuchen und ein immer vollkommeneres christliches Leben führen, wird **ein Strafgericht** kommen; **wenn wir uns nicht ändern, wird dieses sehr groß sein.** (Botschaft vom 18. Oktober 1961)

Heute von diesem Strafgericht sprechen? Das heißt, sich als »Unglücksprophet« auszugeben. Jedoch jene, die so sprechen, fechten die Hl. Schrift an, da sie weder ein Sterbenswörtchen davon erfaßt, noch verstanden haben. Was waren die Propheten des Alten Testaments (die ganze Hl. Schrift, nicht nur das Neue Testament gilt für heute) anderes als Propheten der Strafgerichte Gottes, die sie genau und oft verkündeten. Es waren Strafen zur Reinigung und Gesundung, durch welche Gott sein Volk zur Bekehrung und zur Umkehr zu Ihm anfeuerte. Gott ändert sich nicht. Seit 150 Jahren hoffte ER, daß wir den Worten Seiner Mutter aufgeschlossener wären, die ER uns als unsere Mutter gegeben hat. Warum sich wundern, daß die Hl. Jungfrau, die »Prophetin der letzten Zeiten«, heute auf die gleiche Weise spricht.

»Übrigens verstehen wir jetzt gut, daß die Jungfrau Maria in Garabandal nichts anderes will, als die Predigt des Jonas zu Ninive: Sie zeigt uns die Mittel, um dem Strafgericht zu entgehen, denn **Sie will nicht unsere Verdammung.** Das ist doch noch wahre Barmherzigkeit!

Jedoch die höchste Gerechtigkeit kann sich nur gegen die Unbußfertigen, Verstockten, dem Bösen — durch ihren bösartigen Willen — Verfallenen auswirken. Wie wird das geschehen? Wir wissen es nicht. Obgleich die Seherinnen von Garabandal das Strafgericht mit Schrecken gesehen haben in den »Nächten der Schreie« (18.—19. und 19.—20. Juni 1962), sind wir auf Vermutungen beschränkt. Am 18. Oktober 1961 erfuhr man das erste Mal vom Bestehen eines möglichen Strafgerichtes. Es war am Fest des hl. Lukas. Wahrscheinlich wollte uns der Himmel eingeben, uns an ihn zu wenden. Im 17. Kapitel seines Evangeliums lesen wir vom Tag der Ankunft des Herrn: »Wie es in den Tagen Noes war, wird es auch in den Tagen des

Menschensohnes sein: ... und die Sintflut kam, die alles vernichtete. Es wird wie in den Tagen des Lot sein. Gott ließ Schwefel und Feuer regnen, und alles wurde zerstört. Desgleichen wird es sein am Tage, wo der Sohn Gottes sich offenbaren wird.« Da das Strafgericht des Wassers schon stattgefunden hat, bleibt noch das des Feuers!« (K. Allesch)

Der letzte Papst?

»Als die kleinen Glocken von Garabandal, wehmütig bimmelnd, den Tod Papst Johannes XXIII. verkündeten, zeigte Conchita große Traurigkeit und sagte zu ihrer Mutter: 'Das ist sehr schade, jetzt bleiben nur mehr drei Päpste übrig!' Frau Aniceta schalt sie, aber das Kind bestand darauf: 'Doch, es ist wahr, denn die Jungfrau hat es mir gesagt!' Nach dieser Vorhersage, die Conchita immer wieder bestätigt, folgen nach Paul VI. nur mehr zwei Päpste 'vor dem Ende der Zeit, das nicht das Ende der Welt sein wird.'«

(Irmgard Hausmann, S. 148)

Am 6. August 1978 haben wir vom plötzlichen Tode Papst Pauls VI. erfahren. Am 26. August 1978 wurde Papst Johannes Paul I. zu seinem Nachfolger gewählt, aber nur 33 Tage waren ihm vergönnt. Bereits am 29. September 1978 — dem Michaelistag — erreichte uns die Hiobsbotschaft vom plötzlichen Ableben Papst Johannes Pauls I.

18 Tage nach dem Tod Papst Johannes Pauls I., am 16. Oktober 1978, wurde Johannes Paul II. zum 265. Papst gewählt. Mit der Wahl des 58jährigen polnischen Kardinals bestieg zum ersten Mal seit 1522 ein Nicht-Italiener den Thron Petri.

»Es ergibt sich somit die berechtigte Frage, ob Papst Johannes Paul II. der Papst ist, der den »Triumph der

Kirche Gottes« schauen wird, wie eine alte Weissagung behauptet.

Hören wir hierzu die geisterfüllte Anna Katharina Emmerich:

»Ich sah nun in der Kirche, welche nach überstandenem Kampfe ganz wie eine Sonne strahlte, ein großes Fest. Ich sah viele Prozessionen hineinziehen. Ich sah einen neuen, sehr ernsten und strengen Papst. Ich sah vor dem Beginn des Festes sehr viele Bischöfe und Hirten, von ihm verstoßen, weil sie schlecht waren. Ich sah dieses Fest in der Kirche besonders von den hl. Aposteln mitfeiern. Ich sah das »Herr, zukomme uns Dein Reich« recht nahe. Es war, als sähe ich himmlische, leuchtende Gärten von oben niedersteigen und sich mit auf Erden entzündeten Plätzen vereinigen und unten alles in ein ursprüngliches Licht eintauchen. Die Feinde, welche aus dem Kampf geflohen waren, wurden nicht verfolgt, aber sie schieden sich ab.«

Dem entspricht genau eine Weissagung des Mönches Cäsarius von Heisterbach, eines Zisterziensers, der 1240 starb:

»Es wird ein Papst gewählt werden aus denen, die den Verfolgungen der Kirche entgehen. Der Wille GOTTES wird ihn ernennen, und die heiligen Engel werden diesen frommen und vollkommenen Mann krönen, und seine Brüder, welche die Verfolgungen der Kirche und die Verbannung überlebt haben, ihn auf den Heiligen Stuhl setzen. Dieser wird die ganze Welt durch Heiligkeit neu gestalten und alle Geistlichen zur wahren Lebensweise der Jünger Christi zurückführen, und alle werden sie wegen ihrer Tugend und Heiligkeit achten. Er wird fast alle Ungläubigen bekehren, besonders aber die Juden. Und es wird nur **ein** Gesetz, **einen** Glauben, **eine** Taufe, **ein** Leben geben. Alle Menschen werden einander lieben, und der

Friede wird lange dauern.« (Nach Melanie von La Salette, etwa 25 Jahre).« (Josef R. Jansen)

Es muß in diesem Zusammenhang hervorgehoben werden, daß in Montichiari (Brescia), Italien, aus den neuesten Botschaften ebenfalls zu hören ist, daß in Zukunft nur mehr »**ein** Glaube« sein wird. Einer solchen Prophetie muß etwas »Welterschütterndes« vorhergehen; wie könnte sie sich sonst erfüllen!

Neues über Garabandal

Die zuständigen Bischöfe, die sich auf dem Stuhl von Santander auffallend schnell folgten, erklärten, daß es für alle Phänomene eine natürliche Erklärung gebe. Wie bereits berichtet, legten sie zwar Wert auf die Feststellung, daß sie »keinen Grund für eine kirchliche Zensur und Verurteilung« sähen, »weder in der Lehre noch in den geistlichen Weisungen, die verbreitet werden; um so weniger als diese die Mahnung enthalten zu Opfer und Gebet, zur eucharistischen Frömmigkeit, zur Verehrung der Muttergottes in den hergebrachten Weisen und zur heiligen Furcht GOTTES, der durch unsere Sünden beleidigt wird.« (Siehe Erklärung des Bischofs vom 8. Juli 1965.)

Das modernistische Sprachrohr der großen katholischen Presse sorgte außerdem dafür, daß die Kirche die Ereignisse in Garabandal weiter verurteilte. Ende März 1967 wurde die Nachricht vom Ende Garabandals mit den Schlagzeilen veröffentlicht: »Der Fall Garabandal hat sich in nichts aufgelöst!«

Mit den Jahren wurde die Zahl der Pilger immer geringer. Um den einst so berühmten Namen »Garabandal« wurde es immer stiller; es sah so aus, als könne man die Sache zu den Akten legen.

Dennoch war die »Sache« keineswegs schon erledigt.

Die Glaubenskongregation in Rom ließ die Verantwortung bei den Ortsbischöfen und lehnte eine eigene Stellungnahme ab.

Ein neues erfreuliches Ereignis von großer Tragweite

Der Verantwortliche für die Information über Garabandal in Frankreich, Abbé A. Comte, brachte in seinem Mitteilungsblatt folgende Veröffentlichung:

»Am Mittwoch, dem 21. Dezember 1977, um 15.30 Uhr, hat der neue Bischof von Santander im kleinen Dorf San Sebastian de Garabandal seine Pastoralvisite gemacht. Dieser Besuch war ungefähr einen Monat zuvor durch Pfarrer Don Juan angekündigt worden.

Die Visite wurde gemäß dem liturgischen Ritus in einer Atmosphäre des Glaubens, des Vertrauens und der Sympathie vollzogen. Nach der Lesung aus dem Evangelium nahm der hochwürdigste Bischof das Wort zu einer Homilie, die von den Gläubigen mit größter Aufmerksamkeit angehört wurde.

Nach der Ansprache nahm der Prälat vor dem Altare Platz und gab, zum Volke gewandt, eine bedeutungsvolle Erklärung in Hinsicht auf die »Ereignisse von Garabandal« ab. Es war kein Tonbandgerät vorhanden, um die Worte des Bischofs festzuhalten; und bisher sind seine historischen Worte offiziell nicht veröffentlicht worden. Ich kann also nur das Wesentliche ihres Inhalts wiedergeben, nämlich, das, was ich den authentischen Bezeugungen entnehme, die ich im Dorfe erhalten habe. Ich ziehe es aber vor, eher weniger als viel darüber zu berichten, und begrenze mich darum auf das Wichtigste; ich werde aber nicht verfehlen, später den vollen Text der Erklärung vorzulegen, sobald dieser vom bischöflichen Ordinariat in Santander veröffentlicht wird.

Folgende Erklärung gab der Bischof in feierlicher Weise, klar und deutlich in liebenswürdigem und überlegtem Ton ab. Sie nahm nicht mehr als zwei bis drei Minuten in Anspruch. Ihr Inhalt besagt:

»Ich will einige Worte über die Ereignisse von Garabandal an euch richten ... Ihr wißt, daß meine bischöflichen Vorgänger der Meinung waren, daß das, was sich hier ereignet hat, nicht übernatürlichen Ursprungs sei ... Ich habe die Auffassung meiner Vorgänger respektiert. Jetzt aber kann ich euch mitteilen, daß der Heilige Stuhl eine offizielle Kommission bestellt, die alles, was hier vorgefallen ist, ernsthaft zu prüfen die Aufgabe hat ... Ich selbst werde eifrig und ehrfürchtig alle ernsthaften, klaren, verantwortungsbewußten Zeugnisse über die Ereignisse von Garabandal entgegennehmen, um sie dem Heiligen Stuhl zu übermitteln. Ich rufe euch alle auf zum Gebet, damit GOTT uns beistehe ...«

Darauf gab der Bischof den Gläubigen den Schlußsegen. Nach dem Verlassen der Kirche wurde er umringt; er begrüßte die Leute mit großer Liebenswürdigkeit, vor allem die Mütter der jungen Seherinnen, die glücklich vor ihn hintraten.«

Gezeichnet: P. A. Comte

(MATER NOSTRA, S. 1669)

Seit diesem Beschluß begann sich der Wind zu drehen! In allen Teilen der Welt begannen Bischöfe, Garabandal ihre Sympathie zu bezeugen. Nachstehend einige Teilauszüge aus der französischen Halbmonatsschrift »L'Homme Nouveau« vom 5. 2. 1978, verfaßt vom Mitherausgeber Abbé André Richard:

Eine Wolke von Zeugen

»Es wird also endlich eine regelrechte Untersuchungskommission eingesetzt, die alles »ernsthaft« studieren soll. Mir persönlich scheint es, daß die früheren Kommissionen davon ausgingen, wir erhielten genügend Licht aus dem Evangelium und der Lehre der Kirche und es sei somit besser, charismatischen Vorkommnissen von vornherein aus dem Wege zu gehen.

Aber das II. Vatikanische Konzil hat zum allgemeinen Wohl der Kirche eine gerechtere Wertung der Charismen eingeleitet. »Der Bischof darf den Geist nicht auslöschen, sondern muß alles prüfen und, was gut ist, behalten.« Ohne Zweifel nimmt der Hl. Stuhl und Mgr. Juan Antonio del Val in diesem Geiste die Angelegenheit Garabandal wieder auf.

Aber welchen vernünftigen Grund soll es für die späte Wiederaufnahme der Untersuchung geben, nachdem man mit Recht nicht annehmen konnte, daß die Geschichte sich im Laufe der Jahre von selbst erledigen würde? Gibt es im Gesamt der Ereignisse von Garabandal etwas zu beachten, das von größerer Bedeutung für Kirche und Welt wäre?

Nun, zunächst konstatiere ich — vor Augen das soeben erschienene Werk von Ramon Perez: »Garabandal le Village parle« (Das Dorf Garabandal spricht) Edition Résiac, 345 S. —, daß es eine ganze Wolke von Zeugen gibt, die die außerordentlichen Ekstasen dieser vier Kinder beobachtet haben. Im Lauf von vier Jahren war das kleine Dorf monatelang der Schauplatz jeder Art außerordentlicher Vorkommnisse, die zugleich unerklärlich waren und doch als echt erschienen und dabei reiche Früchte der Gnade für die Seelen zeitigten.

Wenn in einer späteren Periode eine Art Schattenkegel das Gedächtnis der Seherinnen verdunkelt hat, die übrigens unstatthaften Pressionen ausgesetzt waren, so handelte es sich wohl um eine Prüfung, die ihnen die Muttergottes 1961 vorhergesagt hatte: »Denn es wird eine Zeit kommen«, hatte sie gesagt, »wo ihr leugnen werdet, mich gesehen zu haben, und euch gegenseitig widersprechen werdet.«

Es kommt einem der Gedanke, daß das, was die Kinder traf, prophetisch darstellte, was auf die Kirche selber zukommen sollte, die derzeit von einem Sturm des Unglaubens geschüttelt wird, der sich u. a. bei der katholischen Intelligenzia verheerend auswirkt, so daß z. B. ein Teil der Exegeten rundweg alles in Zweifel zieht, von der Geschichtlichkeit des Lebens Christi bis zu seiner GOTTHEIT.

Auf jeden Fall stellt das, was zwischen 1961 und 1965 in Garabandal geschah, einen Komplex bedeutender charismatischer Vorgänge dar, die nun von der Glaubenskongregation einer gewissenhaften Prüfung unterzogen werden sollen. Es scheint übrigens, daß sie sich bereits vielfältige Informationen über den Gegenstand verschafft hat. Ich persönlich kann bezeugen, daß mir Kardinal Ottaviani im Januar 1965 selbst sagte, er habe soeben Conchita empfangen.«

Befremdliche Dinge?

»Wir haben uns an die Beleidigung des Herrn gewöhnt, an die Sünde, die die Welt von heute völlig zu beherrschen scheint. Die Gottlosigkeit legt sich wie ein Netz über alle Völker der Erde, über die Regierenden, über die Manager von Presse, Theater, Film, Radio, Fernsehen, diese Kinder und Instrumente der Macht. GOTT wird in der Rechnung nicht mehr geführt, die Zehn Gebote sind ausradiert, Christus ist beseitigt; die Masse des Volkes ist mehr und mehr nicht nur von dem zur Schau getragenen Unglauben der Gelehrten überwältigt, sondern auch von den Zweifeln und der Furchtsamkeit jener, die den Glauben vertreten sollen.

Heute, nachdem die Stunde der »einen Welt« angebrochen ist und die Botschaft Christi bis an die Grenzen der Erde dringen sollte, scheint die ganze Menschheit bedroht zu sein vom Verlust des sittlichen und religiösen Empfindens, das die unentbehrliche Voraussetzung ist für jede Evangelisation. Und wenn wir Christen unseren heiligen Büchern einige Beachtung schenken wollen, dann können wir nicht übersehen, daß wir uns in einer äußersten Phase des die ganze Geschichte bewegenden Kampfes befinden zwischen Teufel, der GOTT nicht bezweifelt, aber haßt, und der apokalyptischen Frau in den Wehen der Geburt einer neuen Menschheit.

Und angesichts des Befremdlichen, angesichts der Kühnheit des Feindes GOTTES und der Menschen mag GOTT einen kühnen Gegenzug führen. GOTT will sich dieser Masse verführter Menschen offenbaren. GOTT will ein Zeichen seiner Existenz geben, eine Warnung, die den Menschen in seiner Tiefe treffen soll, an seiner sittlichen und religiösen Ader. Ganz im Gegensatz zu dem, was gesagt und geschrieben wird, besteht der Glaube nicht in einem Wahrhalten ohne Grund, sondern im Vertrauen auf den sprechenden GOTT, sobald Sein Wort als authentisch, als Sein Wort bezeugt ist. Darum kann nichts das Zeichen, das Wunder ersetzen. Es ist der Inhalt der Botschaft, die dann unseren heroischen Glauben verlangt. Aber die Botschaft muß zuerst bestätigt sein.«

Befreite Hände?

»Von daher versteht man die Bedeutung der für Garabandal angekündigten Zeichen. Sie können nur verstanden und befolgt werden, wenn sie im voraus angesagt sind. Und daraus ergibt sich die Bedeutung der Maßnahmen der rechtmäßigen kirchlichen Autorität.

Unsere Liebe Frau hat ein auffallendes Wunder für Garabandal prophezeit. Sie wird es acht Tage vorher ankündigen. Sie wird in Garabandal ihr Volk zusammenrufen, die Kranken, die Ungläubigen. Fluggesellschaften haben bereits Tausende von Vorbestellungen für den Tag X vorliegen. Nun muß man aber bedenken, daß seit Jahren alle Äußerungen der Frömmigkeit, die sich auf die Erscheinungen beziehen, in Garabandal untersagt sind. Seit Jahren dürfen keine Priester, außer dem Pfarrer, das Dorf mehr besuchen.

So dürfte also die erste Vorbedingung für die versprochene Offenbarung die Aufhebung der Verbote sein.

So werden wir möglicherweise Zeugen einer Offenbarung des sich erbarmenden GOTTES für die ach so kranke Welt. Vielleicht hat Paul VI. daran gedacht, als er am 7. Januar anspielte auf »gewisse Geheimnisse der göttlichen Barmherzigkeit, in denen sich erregende Zeichen der Hilfe für das Reich GOTTES erkennen lassen.««

André Richard
(Übersetzung G. Hermes)

Hier ein Nachwort zu diesem Beitrag, von der Redaktion der Zeitschrift »DER FELS«, Regensburg:

»Abbé André Richard, der als nüchtern denkend bekannte Mitherausgeber der Halbmonatsschrift »L'HOMME NOUVEAU«, neigt offenbar dazu, die Erscheinungen von Garabandal für echt zu halten — er hat jedenfalls seine Gründe, und man wird nicht leugnen können, daß »die Dinge ineinander passen«. Dennoch wird der Leser bemerken, daß er mit seinem Urteil zurückhält: »Zuerst muß die Botschaft (von der Kirche) bestätigt sein.« Auf alle Fälle ist mit Nachdruck zu begrüßen, daß nun der Weg frei ist für eine gründliche und ernsthafte Untersuchung der Vorkommnisse von Garabandal und also Aussicht besteht — die Echtheit der Botschaften vorausgesetzt —, daß endlich »die Hände der Gottesmutter befreit werden«.

Die Kirchlichen Behörden sind vielfach — nicht erst seit dem Konzil — in der Beurteilung außerordentlicher Vorkommnisse ihrer Aufgabe nicht gerecht geworden. Eine rationalistisch fermentierte Theologie leugnete zwar nicht schlechthin die Möglichkeit eines besonderen Eingreifens GOTTES in den Lauf der Geschichte, hielt es aber für so unwahrscheinlich, daß mit ziemlicher Regelmäßigkeit das Urteil über Erscheinungsberichte u. dgl. von vornherein feststand: negativ. Die Folge war, daß die Kirche das Vertrauen der Gläubigen in dieser Hinsicht verlor und viele sich lieber ihr eigenes Urteil bildeten, was naturgemäß zu einem beklagenswerten Wildwuchs auf dem Gebiete der Volksfrömmigkeit führte. Es ist nur zu begreiflich, daß in einer Zeit, die GOTT als »abwesend« oder »tot« erklärt und mit Verführung und massivem Druck die »Aussicht nach drüben« verbaut, das noch gläubige Volk einen wahren Hunger nach Zeichen des Göttlichen auf der Erde hat. Die Kirche muß diesen Hunger ernst nehmen, erst recht die möglichen Antworten des Himmels.«

Viele katholische Zeitungen Deutschlands, Österreichs, der Schweiz und Frankreichs, haben in letzter Zeit Beiträge veröffentlicht, daß der Bischof von Santander inoffiziell das Verbot für die Priester, nach Garabandal zu gehen, aufhob.

Von der Schweizerischen Garabandal-Zweigstelle wurde mir mitgeteilt, daß die Aufhebung des Verbotes für den Klerus der Diözese Santander, nach Garabandal zu gehen, **nicht stattgefunden hat!** Es ist leider nur ein leeres Gerücht.

Dazu schreibt der Chef der Garabandal-Informatoren:

»Ich hatte tatsächlich am Mittwoch, dem 8. März (1978), 10.45 Uhr, eine Audienz bei Mgr. (Juan del Val, Bischof von Santander) erhalten; ich war eine halbe Stunde bei ihm.«

Der Bericht lautet weiter:

»Der Monseigneur hat mir auch bestätigt, daß die Nachricht von der Aufhebung des Verbotes für Priester falsch sei, nach Garabandal zu gehen, er habe das nie an Jazinta geschrieben, und nichts sei im offiziellen Bulletin der Diözese erschienen.«

(Alle Einklammerungen von der Schweizerischen Garabandal-Zweigstelle).

Die letzte mir bekannte Nachricht ist, daß das Verfahren vom Vatikan praktisch doch wieder an den Diözesanbischof zurückverwiesen worden sei und dieser seinerseits erklärt habe, er sehe keinen Grund, die Sache neu aufzurollen, es seien keine neuen Elemente aufgetaucht.

Noch ist es nicht aller Tage Abend!

»Es ist ja auch von der Seligsten Jungfrau vorhergesagt, daß der Bischof von Santander persönlich ein Zeichen vom Himmel bekommt. Er wird daraufhin auch seinen Diözesanpriestern erlauben, nach Garabandal zu gehen. Auch dies ist ein sicheres Zeichen für die nahe Erfüllung der Ereignisse.«

(Grüß Gott, Nr.2/1978)

Die oberhirtliche Verantwortung bleibt also so lange in den Händen des Bischofs von Santander, bis sich die Vorhersagen von Garabandal erfüllt haben; dann erst wird der Heilige Stuhl die letzte Entscheidung treffen.

Das Mysterium Garabandals

»Für jene, die aufmerksam sind, spricht der HERR bereits durch die jüngsten Ereignisse: Erdbeben, eigenartige Witterungseinflüsse und glaubensfeindliche Einfälle.

Privatoffenbarungen an einzelne Menschen sind schwer zu überprüfen. Sind aber mehrere Zeugen zugleich, so sind die zu kontrollierenden Tatsachen erleichtert. — Es bestehen wissenschaftliche Untersuchungen von Theologen und Ärzten.

Die Erscheinungen von Garabandal bilden einen festen Felsen, schon wegen der wissenschaftlichen Untersuchungen des Paters Laffineur, O. P.[1])

Es ist für uns ein Trost, daß sich die Muttergottes auch an vielen anderen Orten zeigt, wo ich besonders auf die Erscheinungen der Rosa Mystica in Montichiari (Brescia) hinweisen möchte. (Siehe Anhang 1!) Sie

[1]) Dr. Bonance-Pére Laffineur:

»Er wurde seinerzeit beauftragt, an der kirchlichen Kommission in Beauring teilzunehmen, um den Fall der dortigen Erscheinungen auf ihre Echtheit zu prüfen, die einige Zeit nachher kirchlich anerkannt wurden. Er war ein nüchterner, frommer Priester und hatte auch die notwendige fachwissenschaftliche Ausbildung, um mystische Fälle auf ihre Echtheit prüfen zu können. Als dieser von den Erscheinungen in Garabandal erfuhr, reiste er aus privatem Interesse dorthin, in der sicheren Überzeugung, daß, wenn es sich hier um einen Schwindel handeln sollte, er diesen bald aufgedeckt haben würde. Er war bei acht verschiedenen Ekstasen in allernächster Nähe der vier Seherkinder und machte ebenfalls die für seine fachwissenschaftlichen Erkenntnisse notwendigen Proben an den ekstatischen Kindern und kam zu der unerschütterlichen Überzeugung, daß es sich hier nur um echte Ekstasen handeln könne. Er tat den Ausspruch: 'Auch wenn die Kinder später an all dem zu zweifeln beginnen würden, so weiß ich trotzdem ganz sicher, daß es sich hier um übernatürliche Ereignisse handelt.'«

(Grüß Gott, Nr. 2/1978)

hört nicht auf, uns mit ihrer Güte und Liebe zu verfolgen, wofür wir sehr dankbar sein müssen. Denken wir stets daran, unsere täglichen Arbeitspflichten zu erfüllen und Christus nachzufolgen, eingedenk der Aufforderung der Engel bei der Himmelfahrt unseres Herrn, nicht dauernd zum Himmel zu schauen. Außerdem sei auf den heiligen PETRUS verwiesen, der bei der Verklärung Christi ebenfalls aufgefordert wurde, hinabzusteigen und sich durch sein Leben und seine Arbeit vorzubereiten auf die Nachfolge Christi, auf die Verkündigung des Evangeliums bis zu seinem Tod.

GOTT ist zwar nicht an die geschichtliche Chronologie gebunden, das beweist die gemeinsame Ankündigung der Zerstörung Jerusalems, des Endes der Zeiten, des Endes der Welt, wie auch die Tatsache, daß CANA bereits die Eucharistie, die Vereinigung, den Kreuzestod selbst durch die Gegenwart der Hl. Jungfrau Maria in Cana und auf dem Kalvarienberg einbezieht. Desgleichen haben wir in den Offenbarungen des hl. Johannes, biblisch gesehen, selbst **Garabandal enthalten.**

Was die WARNUNG, das WUNDER und die STRAFE betrifft, könnte man folgendermaßen zusammenfassen: **»Kein Ereignis in der Geschichte der Kirche ist so erhaben wie GARABANDAL.«**

Die WARNUNG ist der Schlüssel, um das Ende der Zeiten zu eröffnen.

GÖTTLICHE UND KIRCHLICHE DIMENSION?

Die Kirche steht im Zentrum der göttlichen Barmherzigkeit: Die Muttergottes ist das Werkzeug, weil SIE ihrer Mission treu bleibt, besonders durch ihre immerwährende Aufforderung zu Buße und Gebet.

Die angekündigten Ereignisse in Garabandal werden

ein direktes Einschreiten GOTTES sein, d. h. ein Zeichen Seiner Barmherzigkeit, wie die WARNUNG und das WUNDER, ja selbst das STRAFGERICHT! Die Hl. Jungfrau sagt: »Ich liebe Euch so sehr und will nicht Eure Verdammung. GOTT wird Euch verzeihen, wenn ...«

UNIVERSELLE DIMENSION?

Die WARNUNG wird ein ungewöhnliches Ausmaß haben. Sie ist für die ganze Welt. Sie wird von allen Menschen, den Gläubigen und Ungläubigen, gesehen und gefühlt werden. Das WUNDER wird den übernatürlichen Charakter der Erscheinung von GARABANDAL beweisen, obwohl es an einem begrenzten Ort stattfinden wird. Das STRAFGERICHT wird die ganze Welt erschüttern. Die Bösen, die Unbußfertigen, die sich dem Anruf der göttlichen Gnade widersetzt haben, werden bestraft werden, denn GOTT läßt jedem seine Freiheit.

KOSMISCHE DIMENSION?

Jedes dieser drei Ereignisse wird eine kosmische wichtige Folge haben. Zur gleichen Zeit, da der innere Ruf zur Bekehrung, »die WARNUNG«, eintritt, wird auch, wie Conchita sagt, eine äußere Vision astraler Art sichtbar sein. Nach Angabe Lolis wäre während der Warnung für einige Augenblicke jede Bewegung aufgehoben. Die irdische Schöpfung vereinigt sich um diesen persönlichen göttlichen Anruf. Das WUNDER wird ein lauter Beweis sein, weil es größer sein wird als in FATIMA. Es wird auch einen kosmischen Beweis bringen. **Es wird eine Rauchsäule sein** die bei den Pinien verbleiben wird. Das **STRAFGERICHT** wird ein Weltbrand sein, wie er vom hl. PETRUS und hl. LUKAS vorausgesagt ist. Seit der Sintflut und der Zerstörung Jerusalems ereignete sich nichts dergleichen in dieser universellen und endgültigen Art.

Die **ESCHATOLOGISCHE DIMENSION:**

Sie führt uns unbestreitbar in die letzten Augenblicke des Endes und gleichzeitig in den Beginn der neuen Zeiten des Reiches Christi.

Welche Erscheinungen übertreffen GARABANDAL im Hinblick auf die Ereignisse, die wir bald erleben werden? Durch die weltweite Bedeutung überragt Garabandal alles!

Pater Laffineur sprach einmal die Worte: »Wir werden die »Warnung« so wie alle Menschen erleben. Ich werde allein sein mit meinem Gewissen, dem Herrn gegenüber.«

Werden wir darauf wirklich vorbereitet sein? Wir wissen es sicher, daß in den letzten Zeiten die Prüfung unserer Treue und Beharrlichkeit erfolgt. Wir müssen eine große Standhaftigkeit und eine ungeheure Ausdauer haben, zu der die Gnade nur aus dem Blute des Lammes kommen kann ... Diese geistige Vorbereitung in Beständigkeit und Beharrlichkeit, ist notwendig wegen des Zieles, zu welchem wir geführt werden: diesen neuen Zeiten, wo der Heilige Geist das Angesicht der Erde erneuern wird, die der Herr Jesus, der König des Friedens, der Majestät und Herrlichkeit, erlaubt, das Königreich vorzubereiten, um es Seinem Vater zurückzugeben.

In diesem kleinen spanischen Dorf im Kantabrischen Gebirge ist nach der Vorarbeit des hl. Michael, des mächtigen Erzengels und Fürsten der himmlischen Heerscharen, die Muttergottes vom Berge Karmel vier einfachen Mädchen erschienen, um uns aufzurichten.

Dieser göttliche Plan, dieses ewige Vorhaben, sieht in diesem riesigen und großartigen göttlichen Bild das

Gottesvolk (Kirche), auserwählt aus allen Völkern. Es wird nach der Reinigungsprüfung, die Sie angekündigt, ein Leben in Frieden unter der Herrschaft des Christ-Königs führen.

Darin besteht die einzigartige Größe, das Mysterium Garabandals!«

(Allesch-Auszug aus »L'Appel des Pins« Nr. 28 vom Juli 1976)

Wichtige Hinweise für die Fahrt nach Garabandal

Die Fahrt nach Garabandal soll entweder mit einem Omnibus oder mit einem Privatauto unternommen werden. Dabei sind folgende Besonderheiten zu beachten:

Persönliche Reisedokumente: Personalausweis, für Kinder unter 16 Jahren Kinderausweis oder Eintrag im Familienpaß.

Kfz-Dokumente: Deutscher Kfz-Schein und Führerschein. Falls Fahrer nicht Fahrzeugeigentümer, beglaubigte Vollmacht erforderlich.

Haftpflichtversicherung: Versicherungspflicht nur für Personenschäden, deshalb kurzfristige Vollkaskoversicherung ratsam. Internationale Grüne Versicherungskarte erforderlich.

Österreichische, Schweizerische und Französische Grenzabfertigung: Wichtige Grenzübergänge durchgehend geöffnet.

Uhrzeit in Frankreich: Vom 12. April bis 30. September Sommerzeit (MEZ + 1 Stunde).

Uhrzeit in Spanien: Vom 2. April bis 29. September Sommerzeit (MEZ + 1 Stunde).

Grenzabfertigung und Zollabfertigung in Spanien: Grenzübergänge Irun, Seo de Urgel, Puigcerda und La Junquera durchgehend geöffnet, alle anderen von 9 bis 21 Uhr, im Sommer von 7 bis 22 bzw. 24 Uhr. Zollfrei: persönliche Bedarfsgegenstände, 2 Fotoapparate, 1 Filmkamera mit je 10 Filmen, tragbares Musikinstrument, Kofferradio, tragbares Fernsehgerät, Fernglas, Camping- und Sportausrüstung, Reiseproviant, Geschenke im Wert bis 1700 Ptas, für Erwachsene 200 Zigaretten oder 50 Zigarren oder 100 Zigarillos oder 250 g Tabak, 1 l Spirituosen mit über 22% oder 2 l unter 22% Alkoholgehalt, 2 l Wein.

Währung und Devisenvorschriften: 1 Peseta (pta) = 100 Céntimos; 100 ptas = 2,56 DM; 1 DM = 39 ptas. Ein- und Ausfuhr von Devisen unbeschränkt. Einfuhr von Landeswährung bis 50.000, Ausfuhr 3000 ptas.

Rundfunk-Notruf: täglich von 5 bis 24 Uhr zur vollen Stunde über MW 584 kHz = 513,7 m.

Die Fluggesellschaften haben für den Tag X (Tag des Großen Wunders) — Flughafen Santander — angeblich Tausende von Vorbestellungen vorliegen. Es ergibt sich die Frage, ob der spanische Flughafen Santander einem solchen angekündigten Menschenandrang aus aller Welt gewachsen ist. Eine Flugreise beinhaltet auch die Ungewißheit, wie man von Santander bzw. vom Zielflughafen aus nach Garabandal gelangt. Die sicherste, wenn auch nicht bequemste Reisemöglichkeit bietet meines Erachtens die Fahrt mit einem Reisebus.

Kranke (auch Kinder), die in Bussen nicht mitgenommen werden können, müssen in Privatautos unterkommen. Der wichtigste Teilnehmerkreis wären wohl die Kranken (körperlich und seelisch). Bitte denken Sie daran, daß die Muttergottes damals den Wunsch geäußert hat, viele Kranke zu diesem Wunder mitzubringen.

Wie wir wissen, wird das Wunder an einem Donnerstag, um 20.30 Uhr, stattfinden. Wir waren im Jahre 1977 in Garabandal. Die Gesamtstrecke von Perach, bzw. Altötting bis Garabandal mißt rund 2100 km. Die Strecke ist mit einem Omnibus bei täglich 700 km in drei Tagen — vorausgesetzt bei normalen Verhältnissen — gut zu bewältigen.

Während dieser Fahrt ist wahrscheinlich mit großen Verkehrsstauungen und Zeitverlust, besonders auf der letzten Wegstrecke, etwa ab Santander, zu rechnen. Es ist deshalb ratsam, daß die Abfahrt mindestens am Sonntag früh erfolgt, um gewiß das Ziel bis Donnerstag abends zu erreichen.

Jeder Teilnehmer muß sich darüber im klaren sein, daß er bei dieser Fahrt auf jeden Komfort verzichten und aller Wahrscheinlichkeit nach im Bus nächtigen muß. Das Mitführen von Zelten ist empfehlenswert. Die Verpflegung hat jeder Fahrtteilnehmer für mindestens eine Woche, selbst mitzuführen. Es ist ratsam, genügend spanisches und französisches Geld mitzunehmen, um gegebenenfalls wenigstens bei der Heimreise Hotels aufsuchen zu können. Auf der Heimfahrt wollen wir Limpias und Lourdes besuchen, wenn es möglich ist.

Fahrtverlauf: Perach — Altötting — München — Bregenz — Zürich — Bern — Lausanne — Genf — Annecy — Chambery — Voiron — Valence — Orange — Nimes — Montpellier — Béziers — Narbonne — Tarbes — Bayonne — spanische Grenze — Bilbao — Laredo — Santander — Torrelavega — Cabezon de la Sal — Cosio — Garabandal.
Alle französischen Autobahnen sind gebührenpflichtig!

Nachfolgende Gegenstände sind für die Fahrt nach Garabandal möglichst sofort bereitzuhalten:

(nach Erledigung ankreuzen!)

○ Warme Kleidung für die Nacht
○ Wetterkleidung evtl. mit Kapuze
○ Feste Schuhe (mindestens 2 Paar!)
○ Regenschirm
○ Rucksack (nicht zu klein!)
○ Umhängetasche
○ Französisches Geld
○ Spanisches Geld
○ Schweizer Geld
○ Reisepaß oder Personalausweis (auf Gültigkeit achten!)
○ Luftmatratze
○ Tretblasebalg für Luftmatratze
○ Schlafsack
○ 1 Wolldecke
○ Verpflegung für mindestens 7 Tage (Konserven, Haltebrot, Honig, Traubenzucker usw.; nach eigenem Geschmack zusammenstellen — keine leicht verderblichen Waren mitnehmen!)
○ Thermosflasche
○ Feldflasche
○ Eßgeschirr (Blechgeschirr zum Abkochen!)
○ Eßbesteck
○ Medikamente
○ Taschenlampe
○ Rosenkranz
○ (evtl. Fotoapparat usw.)

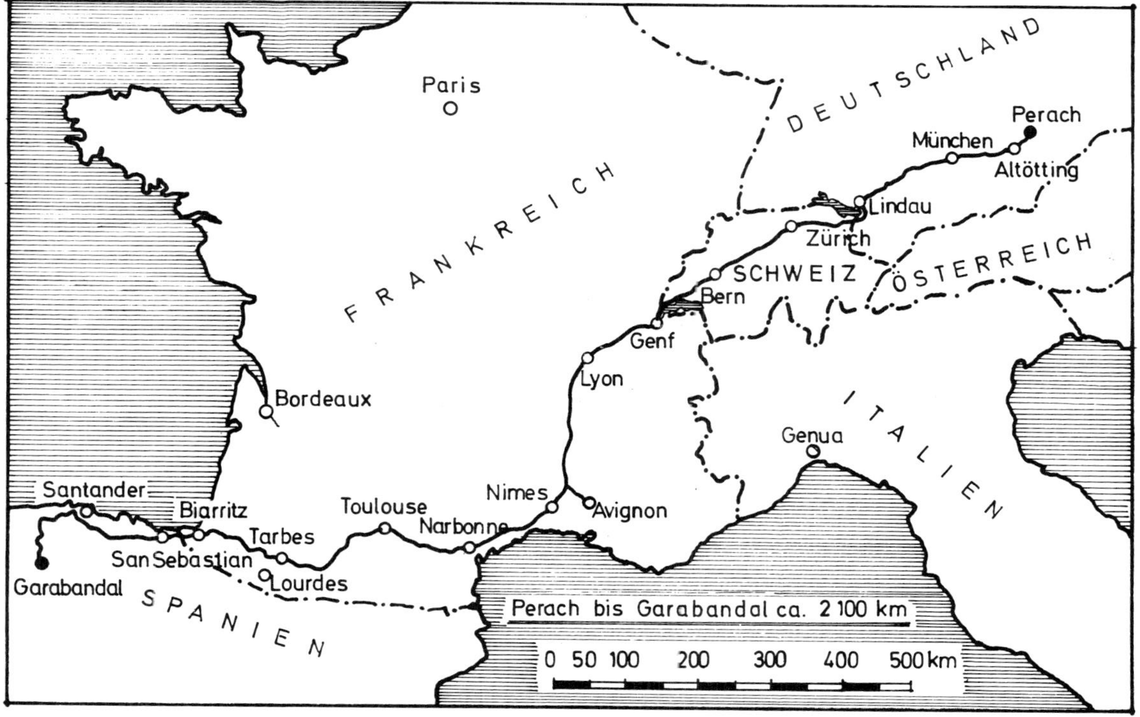

Paris
DEUTSCHLAND
Perach
München
Altötting
Lindau
Zürich
SCHWEIZ
ÖSTERREICH
Bern
Genf
FRANKREICH
Lyon
Bordeaux
ITALIEN
Genua
Santander
Biarritz
Toulouse
Nimes
Avignon
Narbonne
Tarbes
San Sebastian
Lourdes
Garabandal
SPANIEN
Perach bis Garabandal ca. 2100 km
0 50 100 200 300 400 500 km

Diese Fahrt bedarf einer guten Planung und Organisation. Alle, die sich an dieser Fahrt mit unserer Gruppe beteiligen wollen und guten Willens sind, sind aufgerufen, dazu ihren Beitrag zu leisten.

Das von der heiligen Jungfrau vorausgesagte Wunder wird so bedeutend sein, daß wir deshalb jede Mühe auf uns nehmen sollten, um persönlich dabei zu sein! Auch das angekündigte Wunder in Fatima traf trotz heftigem Zweifel im Jahre 1917 ein! Nicht an den Gesunden, sondern an den gesundgewordenen Kranken wird sich das Wunder in der ganzen Welt bestätigen! Das wird der Lohn sein, für alle Opfer und Mühen! Vertrauen wir auf die heiligsten Herzen JESU und MARIÄ!

Anmeldungen zur Fahrt zum Großen Wunder nach Garabandal nimmt für den süddeutschen Raum entgegen:

Franz Speckbacher
Perger Straße 1
D-8261 Perach

Besondere Anmeldeformulare können bei mir angefordert werden.

Ich preise Dich, Vater, Herr des Himmels und der Erde, daß Du dies vor Weisen und Klugen verborgen, Kleinen aber geoffenbart hast. Ja, Vater, so war es wohlgefällig vor Dir. (Mt. 11, 25-26)

Seht doch auf Eure Berufung, Brüder! Dem Fleische nach sind es nicht viele Weise, nicht viele Mächtige, nicht viele Hochgeborene, sondern was töricht ist vor der Welt, wählte GOTT aus, um das Starke zu beschämen, was niedrig ist vor der Welt und verachtet, wählte GOTT aus, das, was nichts ist, um das, was etwas ist, zunichte zu machen, damit niemand sich rühme vor GOTT. (1. Korinther, 1, 26-29)

Der Wind weht, wo er will; Du hörst sein Brausen, weißt aber nicht, woher er kommt, und wohin er fährt. So ist es bei jedem, der aus dem Geiste geboren ist ...«

(Jo. 3,8)

Ich werde einmal oben und unten auf der Erde Zeichen und Wunder tun. Die Sonne wird sich in Finsternis wandeln und der Mond in Blut, bevor der erhabene und große Tag kommt. Aber alle, die meinen Namen anrufen, werden gerettet.

(Joel 2, 30—32; Apg. 2, 19—21)

Nachwort

Verehrte Leser!

Es ist immer dieselbe Heilige Jungfrau, die erscheint, aber unsere Aufgabe soll sein, alles Wesentliche in diesen Erscheinungen wiederzufinden. Unser Bestreben soll sein, für ihr Bekanntwerden einzutreten. Ich habe versucht, in diesem Büchlein auf die kommenden Ereignisse, die uns in Garabandal geoffenbart wurden, hinzuweisen. Mein Augenmerk galt in besonderer Weise den Interviews mit den Seherinnen in den letzten Jahren. Conchita, Jacinta und Mari Loli stehen noch fest zu den Erscheinungen bzw. Offenbarungen. Bewußt habe ich die Wiederholungen in den einzelnen Interviews, Beiträgen usw., die immer wieder zu finden sind, nicht gestrichen, um den wichtigen Ereignissen besonderen Nachdruck zu verleihen.

Im August 1978 fand in Lourdes ein internationaler Garabandal-Kongreß statt, zu welchem sich Vertreter aus 26 Ländern, von allen Kontinenten zusammengefunden hatten. Im Verlauf des Kongresses wurden von der Ehefrau des blinden Amerikaners zwei Briefe verlesen, einer von Conchita und einer von Mari Loli. Die Aussagen waren im wesentlichen nur auf die uns bekannten Botschaften der Gottesmutter ausgerichtet. Im Anschluß an diesen Kongreß fuhr eine Gruppe von Teilnehmern nach Garabandal.

Wenn folgende Ereignisse eintreffen, ist die Zeit für das Große Wunder gekommen:

1. die Freigabe Garabandals für die Priester,
2. die welterschütternde Warnung,
3. die Ankündigung des Termins der Papstreise nach dem Osten,

4. die Verkündigung des Termins durch Conchita,
5. die Eigenart der Benachrichtigung der Menschen für das Wunder.

Durch meine Freunde, verschiedene Vorträge, langjährige Informationssammlungen sowie einen persönlichen Aufenthalt in Garabandal anläßlich einer Pilgerreise mit einem spanisch sprechenden Priester konnte ich über die Ereignisse von Garabandal viele Erfahrungen sammeln.

Allen die dazu beigetragen haben, daß dieses Buch geschrieben werden konnte, sage ich ein ewiges Vergelt's GOTT!

Ich bitte um Verständnis, daß ich nicht jede Anfrage betreffs der Fahrt zum »Großen Wunder« beantworten kann, da ich wegen meiner Berufsarbeit dazu nicht in der Lage bin. Jede Anmeldung wird gebucht, und jeder Teilnehmer wird durch Informationsblätter auf dem laufenden gehalten.

FREMDWÖRTERVERZEICHNIS

Absolution	Lossprechung von Sünde
Aktion	Handlung
Amphitheater	Freilichtbühne
anachronistisch	nicht in die angegebene Zeit passend
Analyse	Zerlegung
Anarchismus	Ablehnung der Staatsgewalt und Rechtsordnung
Apokalypse	Offenbarung (besonders des hl. Johannes, über das Weltende)
Apostolat	Verkündigung
arianisch	Lehre des alexandrin. Priesters Arius, wonach Christus nicht wesensgleich mit dem Vater, sondern ein Geschöpf des Vaters aus dem Nichts sei
Arkandisziplin	Geheimhaltung heiliger Worte und Zeichen in den drei ersten christlichen Jahrhunderten
arrogant	überheblich
Aszese	Askese, Selbstbeherrschung
aszetisch	nach strenger Lebensweise
Atmosphäre	Gasmantel der Weltkörper
authentisch	echt, verbürgt
Autorität	Obrigkeit
Babylon	Stadt am Euphrat
Basis	Ausgangspunkt
basta!	genug!
Bilokation	gleichzeitige Anwesenheit an zwei verschiedenen Orten
Bulletin	Amtliche Bekanntmachung
Chance	Möglichkeit
Charisma	Gnadengabe
charismatisch	begnadet
Chronologie	Zeitfolge
Collevalenza	Ort 120 km nördlich von Rom
Computer	Elektronengehirn
Credo	Glaubensbekenntnis
Czenstochau	größter Wallfahrtsort in Polen
dämonisch	teuflisch

de facto	tatsächlich
Dekret	Anordnung
dementieren	widerrufen
diabolisch	teuflisch
Diagnose	das Erkennen
Dialog	Zwiegespräch
differenziert	unterschiedlich
Dimension	Ausdehnung
dimensional	ausgedehnt
diskriminieren	verdächtigen, herabsetzen
Dogma	Lehrsatz in der katholischen Kirche: eine von GOTT geoffenbarte und von der Kirche ihren Gläubigen feierlich verkündete Wahrheit
Doktor-dissertationen	Doktorarbeiten
Dokument	Beweismaterial
Drama	Schauspiel
ecclesiologisch	kirchlich
Egoismus	Ichsucht
Ekstase	(religiöse) Verzückung
Emissäre	Geheimboten
entmytholo-gisieren	von »Sagenhaftem« befreien
Enzykliken	Päpstliche Rundbriefe
Eschatologie	Lehre von den letzten Dingen: vom Leben nach dem Tode und vom Weltende, vom Jüngsten Gericht und der Auferstehung der Toten usw.
Etablierte	Niedergelassene
Etappe	Streckenabschnitt
Eucharistie	Altarssakrament der katholischen Kirche
Euphorie	scheinbares Wohlbefinden trotz schwerer Krankheit
Exegese	Auslegung einer Schrift (besonders der Bibel)
Exeget	Erklärer (besonders der Bibel)
exhumieren	eine Leiche wieder ausgraben
Existenz	Dasein
Existentielleres	Wesentlicheres

Expansion	Ausbreitung
Faktum	Tatsache
fasziniert	bezaubert, gefesselt
fermentiert	durchsetzt
freventlich	frevelhaft
frappierend	verblüffend
Frustration	Vereitelung
Genesis	Werden, Entstehen; 1. Buch Moses
Gomorrha	biblische Stadt; übertragen: Sündenpfuhl
Guadalupe	Stadt in Mexiko
Halluzinationen	Sinnestäuschungen
Häresien	Irrlehren
häretisch	ketzerisch
Hierarchie	Vorsteherschaft der Priester
Hochscholastik	Höchststand der theologischen Gelehrsamkeit im 13. Jahrhundert unter Führung von Thomas von Aquin u. a.
Homilie	Predigt über einen Schrifttext: Erklärung und Mahnung
identisch	in völliger Übereinstimmung
ideologisch	der Ideologie folgend
ignorieren	nicht sehen wollen, unbeachtet lassen
Illusion	Selbsttäuschung
Imperium	Weltreich
indirekt	nicht direkt
Individualismus	(betonte) Zurückhaltung eines Menschen gegenüber der Gemeinschaft
Information	Unterrichtung, Auskunft
Intellektualistin	Frau, die dem Verstand Vorrang gibt
Intellektuelle	Hochgebildete
Intelligenz	geistige Fähigkeit
Intelligenzia	Schicht der wissenschaftlich Gebildeten
interpretieren	erklären, auslegen
Initiative	Entschlußkraft
Interview	Befragung
inzensieren	beweihräuchern
ironisch	spöttisch
Irreverenz	Ehrfurchtslosigkeit
Jonas	Prophet für Ninive
Kardiognosie	Herzensschau oder Herzenskenntnis

Ketzer	Aufrührer gegen die vorherrschende Meinung
Komet	Schweifstern
Komplex	aus mehreren Teilen bestehendes Ganzes
konstatieren	feststellen
Konversation	gesellige Unterhaltung
Kongregation	eine der obersten Kirchenbehörden
Kongreß	Versammlung
Konsekration	Wandlung während der hl. Messe
Konzil	Versammlung kirchlicher Würdenträger
kosmisch	das Weltall betreffend
La Salette	Berg bei Lyon, wo Maria weinend zwei Kindern erschien und die Menschen zur Buße aufforderte, um kommende Strafgerichte aufzuhalten
Lektionarien	Bücher religiösen Inhalts
Levitationen	Erleichterungen (Wegfall des Schwergewichts), schwereloses Schweben
Literatur	Schrifttum
Lokution	innere Ansprache
Lot	Neffe Abrahams
Manager	Unternehmer
Manifest	öffentlicher Erlaß, öffentliche Erklärung
manipulieren	beeinflussen
Materie	Stoff
meditativ	nachdenkend, sinnend betrachtend
Mgr.	Abkürzung für Monseigneur
Mikrokosmos	Welt des Kleinen
Missio	Auftrag
Monseigneur	Titel für hohe Geistliche
Moral	sittliche Grundhaltung
moralisch	sittlich
Mysterium	Geheimnis
Mystik	Erlebnis des innerlichen Einsseins mit GOTT
naiv	kindlich
Naivität	Kindlichkeit
naturalmente	spanisch: natürlich
Ninive	Hauptstadt des Assyrerreiches
Nizäa	antike Stadt in der Türkei (1. Kapitel)

Noe	baute die Arche zur Rettung aus der Sintflut
Novissima	die Letzten Dinge
objektiv	sachlich
Offensive	Angriff
offiziell	amtlich
Opium	Betäubungsmittel
Panik	plötzlicher Schrecken
Parabel	erzieherisch-belehrendes Gleichnis in Form einer Erzählung
Parallele	mit einem anderen vergleichbarer Vorfall
passabel	gerade noch annehmbar
pastoral	pfarramtlich
pathologisch	krankhaft
pessimistisch	das Schlimmste befürchtend
Phänomen	Erscheinung
phantastisch	großartig
pharisäisch	scheinheilig
Phase	Entwicklungsstufe
Phrase	Redewendung
physisch	körperlich
Podest	Stufe
Polarisierung	Verschärfung von Gegensätzen
Pontifex	Titel des Papstes
Porno	unzüchtiges Schrifttum
Portal	Eingangstor
potenziertesten	gesteigertsten
Presbysterium	Chorraum
Pressionen	Nötigungen
prinzipiell	grundsätzlich
Prior	Oberer eines Klosters oder Konvents
Prognose	Voraussage
proklamieren	verkünden
Proletarier	Vermögensloser
Propaganda	Reklame
Prophet	Voraussehender
provozieren	herausfordern
Pseudonym	Deckname
Psychose	seelische Krankheit
radikal	rücksichtslos
Reaktion	Gegenwirkung

Realpräsenz	wirkliche Gegenwart
Regisseur	Spielleiter
Renaissance	Wiederaufleben der antiken Kultur
Revolution	Umsturz
Revolutionär	Teilnehmer an einer Revolution
Ritus	feierliche Gebräuche und Formen
Rue du Bac	Straße der Erscheinungskapelle in Paris
Sacerdotium	Priestertum
Saragossa	Stadt in Spanien
Schlendrian	Nachlässigkeit
Scholastik	philosophische und theologische Schulkunst
signieren	unterzeichnen
Situation	Lage
Skapulier	ein über Brust und Rücken fallender, die Schultern überdeckender Überwurf
Sodoma	altbiblische sittenlose Stadt im Jordantal
Sonden	Raumfahrzeuge
stigmatisiert	durch Stigmen — die Wundmale Christi — gekennzeichnet
Strategie	Kunst der Kriegsplanung und -führung
Subalterne	Untergebene
subjektiv	ichbezogen
Substanz	Wesen, wesentlicher Bestandteil
Suggestion	Beeinflussung seitens einer anderen Person
Sympathie	Zuneigung
Symptom	Anzeichen
Theorie	rein gedankliche Betrachtung
Therapie	Heilbehandlung
These	Behauptung
Tiara	Päpstliche Krone
Toleranz	Duldsamkeit
Transsubstantiation	Verwandlung des Brotes und Weines in den Leib und das Blut Christi
Tre Fontane	Marien-Erscheinungsort, außerhalb von Rom
Tridentinum	Konzil von Trient (1545-1563)
trinitarisch	die Dreieinigkeit Gottes betreffend
Tumult	lärmende Kundgebung
überdimensional	weit über das allgemeine Maß hinausgehend

universell	allumfassend
Version	Auslegung
Visite	Besuch
Voluntaristin	Frau, die den Willen dem Geist überordnet
Zeitoun	Ort bei Kairo (Ägypten)
Zensur	Überprüfung
Zeremonie	Feierliche Form, Handlung

LITERATURVERZEICHNIS

1. Zum Thema:

FRANCOIS, Robert: So sprach Maria in GARABANDAL: Die Ereignisse von G. in theologischer Sicht. W-7758 Meersburg: Weto-Verlag Albrecht Weber, 1982. 232 Seiten.

GARCIA DE LA RIVA, Jose Ramon: Maria erscheint in GARABANDAL. Erlebnisse eines spanischen Landpfarrers (Aus dem Französ.). W-7758 Meersburg: Weto-Verlag, 1983.

HAUSMANN, Irmgard: Die Ereignisse von Garabandal. Gröbenzell: Hacker, 1972. 224 Seiten.

SANCHEZ-VENTURA Y Pascual, Francisco: Die Ereignisse in Garabandal. Thannhausen: Minholz 1966.

WEBER, Albrecht: Garabandal (Broschüre). Meersburg: Weto, 1978. 30 Seiten.

2. Übrige Literatur:

ADLER, Manfred: Das "dritte Geheimnis von Fatima". W-8968 Durach: Pro Fide, 2.Auflage 1989. 86 Seiten.

ADLER, Manfred: Kirche und Loge. Deutsche Bischofskonferenz hält Christentum und FM für unvereinbar. W-7893 Jestetten: Miriam Verlag, 1981. 112 Seiten.

ANGERER, Anton: Feuerrad Apokalypse. Wien: Mediatrix, 1988. 64 Seiten.

CASTELLA, Andre: MATER NOSTRA. Monatszeitschrift Nr.107 vom 16.3.1978. CH-1648 Hauteville: Parvis-Verlag.

DENZINGER, Heinrich: Enchiridion Symbolorum. Kompendium der Glaubensbekenntnisse und kirchlichen Lehrentscheidungen. Lat.-Deutsch. Freiburg-Rom-Wien: Herder, 37. Auflage 1991, 1704 Seiten.

GOUIN, Paul: MELANIE, die Hirtin von La Salette. Stein am Rhein: Christiana, 1982, 224 Seiten.

HÖCHT, Johannes M.: Die große Botschaft von La Salette. Stein am Rhein: Christiana, 1990, 192 Seiten.

JOURNET, Charles: Der Hl. Nikolaus von Flüe. Seine Visionen. Fribourg CH: Paulus-Verlag, 1980.

KÜNZLI, Josef: Offenbarungen der göttlichen Liebe. Jestetten: Miriam-Verlag, 1971. 160 Seiten.
MASUCH, Maria: Das Geheimnis von Garabandal. Dülmen: Münsterstr. 22, Selbstverlag. Broschüre.
MICHELINI Ottavio: Die Menschheit an der Schwelle ihrer Befreiung. Offenbarungen Jesu an Priester und Gläubige. CH-1648 Hauteville: Pravis-Verlag, 1992. 352 Seiten.
NEUNER-ROOS: Der Glaube der Kirche in den Urkunden der Lehrverkündigung. 12.Auflage - Regensburg: Pustet, 1986. 604 Seiten.
PICHLER: Katholisches Religionsbüchlein. Katechismus. Wien: Mediatrix, Auflage 1992.
ROTHKRANZ, Johannes: Die kommende "Diktatur der Humanität". Die Herrschaft des Antichrist. 3 Bände. D-8968 Durach: Verlag Pro Fide Catholica, 1990.
SPECKBACHER, Franz: Menschen werden nummeriert. Kommt der Antichrist? Wien: Mediatrix-Verlag, 1985. 64 Seiten.
STOCKER, Josef: Reinigung der Erde (Garabandal). Wien: Mediatrix-Verlag, 7.Auflage 1992. 1992 Seiten.
WEGENER, Thomas: Anna Katharina Emmerick. 8.Auflage - Stein am Rhein: Christiana, 1990. 392 Seiten.

INHALTSVERZEICHNIS

29

30

31

32

33

34

36

37

38

39

40

41

42

43

44

Bilder aus den Jahren 1974 bis 1977:

St. Michaelskapelle oberhalb Garabandals

Pater Marian bei Jacinta

Die umliegenden Berge von Garabandal

Conchita, die Hauptseherin von Garabandal, hat den Amerikaner Patrik Keena geheiratet und ist heute Mutter von vier Kindern. Hier sehen wir sie bei der Taufe ihres dritten Kindes, Anna Maria Josefa, geboren am 24. Juli 1976. Kardinal Julio Rosales von den Philippinen (links) spendet die Taufe, während Bischof Lawrence M. Graziano O. F. M., (rechts), ein Freund der Familie, als Taufpate amtet.